新媒体时代马克思主义理论传播研究

杨 义／著

吉林大学出版社

·长春·

图书在版编目（CIP）数据

新媒体时代马克思主义理论传播研究 / 杨义著. --
长春 : 吉林大学出版社, 2021.4
ISBN 978-7-5692-8362-4

Ⅰ.①新… Ⅱ.①杨… Ⅲ.①马克思主义理论—传播
—研究 Ⅳ.①A81

中国版本图书馆CIP数据核字(2021)第103551号

书　　　名：新媒体时代马克思主义理论传播研究
　　　　　　XINMEITI SHIDAI MAKESI ZHUYI LILUN CHUANBO YANJIU

作　　　者：杨　义　著
策划编辑：殷丽爽
责任编辑：殷丽爽
责任校对：矫　正
装帧设计：雅硕图文
出版发行：吉林大学出版社
社　　　址：长春市人民大街4059号
邮政编码：130021
发行电话：0431-89580028/29/21
网　　　址：http://www.jlup.com.cn
电子邮箱：jdcbs@jlu.edu.cn
印　　　刷：长春市中海彩印厂
开　　　本：787mm×1092mm　　1/16
印　　　张：11.25
字　　　数：100千字
版　　　次：2022年1月　第1版
印　　　次：2022年1月　第1次
书　　　号：ISBN 978-7-5692-8362-4
定　　　价：68.00元

前　言

　　"新媒体"（New Media）是个舶来品，美国人P. 戈尔德马克（P. Goldmark）时任美国哥伦比亚广播电视网技术研究所所长，在1967年第一次使用这个概念。随着社会经济和信息技术的高速发展，新媒体技术得到了较为广泛的应用，正在日益影响着人们的生活方式、学习方式以及思维方式。新媒体是科技进步和社会文化发展的双重结果，是一个相对的概念，是随着时代的发展衍生出的新的传播方式。新媒体相对于报纸、广播和电视等传统媒体，指的是一种新型传播媒体，伴随着新技术的发展和媒体市场的进一步细分而出现。新媒体与传统媒体相比，具有特殊的优势。新媒体的信息传播媒介的基础是互联网，主要技术支撑是网络技术、数字技术和信息技术，它是一个相对的概念，主要是手机或者电脑等一些智能设备上的应用程序，比如：微博、微信、抖音等。新媒体已经成为人们生活必不可少的工具和交流渠道，同时新媒体也是政治传播的重要阵地，并且发挥着越来越重要的作用。研究马克思主义理论在新媒体背景下的传播，无疑将成为当前马克思主义理论研究的重要内容之一。

　　马克思主义作为中国共产党的立党之本，是中国社会主义革命、建设与发展的行动指南。通过不断地创新传播形式，丰富发展理论内容使其富有鲜明的时代感，使马克思主义理论在新的时代下绽放新的生机与活力。习近平在庆祝中国共产党成立95周年大会上指出："我们要以更加宽阔的眼界审视马克思主义在当代发展的现实基础和实践需要，坚持问题导向，坚持以我们正在做的事情为中心，聆听时代声音，更加深入地推动马克思主义同当代中国发展的具体实际相结合，不断开辟21世纪马克思主义发展新境界，让当代中国马克思主义放射出更加灿烂的真理光芒。"①习近平强调："中国共产党从诞生之日起，就把马克思主义鲜明地写在自己的旗帜上。我们党一路走来，无论是处于顺境还是逆境，从未动摇对马克思主义的坚定信仰。……在新时代，我们党顺应时代发展新要求，创立了新时代中国特色社会主义思想。理论创新每前进一步，理论武装就要跟进一步。"②新时代马克思主义理论传播必须顺应国内外环境的变化以及时代和社会发展的要求，突出问题意识，进一步创新理论内容，创新理论武装。

马克思主义理论之所以为中国大众所了解、认可、运用和丰富发展，离不开媒体对于马克思主义理论的大力宣传、普及和推广，尤其是报纸、期刊、书籍等传统媒体更是功不可没。网络等新媒体的出现，给马克思主义理论传播提供了一个新的传播媒体和平台，提高了传播效率、增强了传播效果。新媒体凭借传播迅速、海量存储、可重复浏览、便携、形式多样、图文影音并茂等众多特点，博得大众的喜爱，当前我国网民已经达到9亿多人的规模，这为运用新媒体传播马克思主义理论奠定了深厚的用户基础。新媒体不仅把"最新鲜"的马克思主义理论传播到人们身边，还增进了传播者与传播对象之间的深度互动，平等的交流、沟通和切磋、探讨，每当党中央出台大政方针和决策部署，在网络论坛、微博、微信等新媒体平台上都会引起广泛的交流和热烈的讨论，也正是通过在新媒体平台上的广泛交流和探讨，人们获得相对趋同和更加深刻的认识。

与此同时，绚丽多姿的新媒体世界也给马克思主义理论的传播带来了诸多挑战。在新媒体井喷式的发展过程中，其发展的途径和方向可能是杂乱的、无序的，甚至是与建设中国特色社会主义事业相背离的；在其不断丰富群众日常生活的同时，也可能会掺杂一些不利于社会主义精神文明建设的消极内容，如西方资本主义国家利用其经济和科技优势，实施"和平演变"，宣扬个人主义、自由主义、拜金主义、非理性主义等腐朽思想，

---

① 习近平. 在庆祝中国共产党成立95周年大会上的讲话 [M]. 北京: 人民出版社, 2016: 9–10.

② 中共中央党史和文献研究院, 中央"不忘初心, 牢记使命"主题教育领导小组办公室编. 习近平关于"不忘初心、牢记使命"论述摘编 [M]. 北京: 党建读物出版社, 中央文献出版社, 2019: 69.

鼓吹"淡化意识形态""意识形态终结论"，宣扬所谓的普世价值观等。网络上还存在着形形色色的反马克思主义的思想，制造反华舆论，散布歪理邪说。网络空间给人们创造了互动的、开放的和匿名的自由表达空间，同时也为网络谣言的产生和传播提供了温床。还有一些别有用心者利用新媒体大肆宣扬享乐主义、种族主义、封建迷信、暴力色情、甚至是反动言论等，这些信息无时无刻不在侵蚀着大众的精神世界。

新媒体是一把"双刃剑"，不仅为马克思主义理论的传播创设难得的机遇和良好的平台，同时又带来诸多挑战，通过研究新媒体传播的特点及其社会功能，充分运用新媒体开创马克思主义理论传播的新局面，是本书的目的所在。

本书运用马克思主义基本原理，将理论与现实相结合，客观分析马克思主义理论传播在当前新媒体时代遇到的新境遇，并综合运用传播学等理论，提出了新媒体背景下传播马克思主义理论的有效途径。

由于新媒体技术的发展是一个无止境的过程，因此我们只有跟上技术发展的步伐，充分发挥新媒体的功能，才能与时俱进，不断地推进马克思主义理论的大众化传播，使中国特色社会主义理论体系更加广泛而深入地根植于广大民众心中。

由于收集相关文献资料不够全面，笔者理论水平及研究能力有限等原因，对新媒体时代马克思主义理论传播存在的问题及解决路径的理解和研究还有诸多不足之处，文中有些观点尚不成熟，有待于在日后的学习与实践中继续探究。

目　录

第一章　新媒体时代马克思主义理论传播概述……………………… 1

一、新媒体时代的相关概述 ……………………………… 3

二、马克思主义理论与传播学的契合性 …………………… 19

三、新媒体时代马克思主义理论传播的必要性及重要意义 ……… 22

四、新媒体时代马克思主义理论传播面临的机遇与挑战 ……… 33

第二章　新媒体时代马克思主义理论传播的理论基础与现实依据……… 45

一、理论基础 ……………………………………… 47

二、现实依据 ……………………………………… 68

第三章　新媒体时代马克思主义理论传播的现状分析……………… 71

一、马克思主义理论传播的历史进程与现代转换 ………… 73

二、新媒体时代马克思主义理论传播的现状分析 ………… 89

第四章　优化马克思主义理论新媒体传播的路径…………………… 105

一、把握新媒体传播马克思主义的基本原则 …………… 107

二、优化马克思主义理论新媒体传播的路径 …………… 112

第五章　新媒体时代马克思主义理论传播的资源整合机制………… 139

一、传播媒介的融合互通 ………………………… 141

二、传播方式的协同配合 ………………………… 150

三、社会监管资源的整合利用 …………………… 160

参考文献………………………………………………… 167

第一章

新媒体时代马克思主义理论传播概述

　　长期以来，马克思主义凭借自身的科学性在世界范围内广泛传播，为世界人民带来了科学的理论指导。马克思主义在不同历史时期和不同国度，其深度和广度有所不同。马克思主义在中国的传播具有鲜明的中国特色，在新媒体技术日益发展的今天，将新媒体与马克思主义传播有机结合，充分体现了新时期理论传播的特点。本章将从新媒体时代的相关概述着手，分别阐述媒体与媒体传播、新媒体的概念、类型、特征及功能，分析马克思主义理论与传播学的契合性，并对新媒体传播马克思主义的必要性和重要意义进行论述，深入剖析新媒体时代马克思主义理论传播面临的机遇与挑战，对后续的研究起到提纲挈领的作用。

一、新媒体时代的相关概述

（一）媒体与媒体传播

1. 媒体的概念及类型

"媒体"或者称为"传播媒体""媒介"，起源于拉丁语"medius"，意思为"中间的""一般的""不偏不倚的"。所谓媒介，即中介或中介物，它存在于事物的运动过程中，就传播而言，媒介存在于整个传播的过程之中。传播学大师施拉姆（W. Schramm）给媒介下了这样一个定义："媒介就是插入传播过程之中，用以扩大并延伸信息传送的工具。"①媒介是符号的载体，是传播的渠道，它不直接构成传播内容，但是却与传播内容相辅相成、相互影响、相互促进。好的传播内容需要媒介去扩大其传播范围，才能让内容的阅读量或是收视率保持较高的水平，同样，先进的媒介技术也只有注入内容，才能加速其应用推广，人们在阅读的同时才能感受到媒介载体的实际价值。传播媒介的发展不是一个一蹴而就的过程，从印刷媒介、广电媒介、网络媒介到如今的移动终端媒介，这一过程的演变是与人类探索科技的发展史相得益彰的。由此可以看出，媒体的最初含义是事物之间的中介，主要指传播资讯的载体，是各种传播工具的总称。

（1）语言媒介。语言作为一种传播符号，对要表达的事物具有高度概括和抽象的特点。早期人类还没有形成语言系统，只通过简单的动作、姿态等来表达。随着生产力的发展，口语渐渐产生，人们开始通过语言交流进行信息的传递与交换，人类文化由此逐渐演化。可以说，语言是社会发展过程中最基本的媒介，但是语言类的口头传播媒介转瞬即逝，受制于时间空间的限制，不易记录和保存，在科技不发达的过去，语言的传播只

---

① ［美］施拉姆.传播学概论［M］.陈亮灯，译.北京：新华出版社，1984：144.

能存在于面对面交流的方式，信息的跨区域传播则完全不可能实现。

（2）印刷媒介。印刷技术的进步使报纸开始作为传播媒介迅速普及，人们对信息的需求和世界地理大发现让报纸驶入了规模化发行的轨道，无论是在欧洲还是在中国，纸媒的应运而生并成为大众传播的载体已然成型。作为一种平面印刷媒介，报纸通过文字、图片、色彩和版面设计等多种元素的融合，给受众带来阅读的体验。报纸的体积、重量决定了其便携性的特点，而时空限制小，决定了读者可以在闲暇之时翻阅、随身携带。同时，阅读的选择性大大增强，人们可以选择自己感兴趣的文字材料或是画面信息，阅读顺序、阅读详略也是依照读者的个人选择。另外，报纸易于保存，不属于线性编辑的媒介，即使是错过了某一期报纸，也不会影响读者的查阅，只要保存了当期的报纸，就可以随时阅读。

（3）电子媒介。电子媒介是指通过电流传播信息的载体媒介，广播的出现开启了电子传播的时代，如今，广播电台已遍布世界各地，传播覆盖面广，受众数量庞大。另外，电视作为兼具视觉和听觉两种形式的媒介则具有更大的传播力，它通过电缆将电信号转化成声画信号，发送到每个用户的接收终端。电视已进入数字化发展阶段，立体声高清电视、有线网络电视、数字电视、智能电视等，带给观众更为豪华的视觉和听觉享受。

（4）新媒介。新媒介的"新"是相对于旧式媒介的比较词，电子媒介的出现相比于印刷媒介就是新媒介，网络媒介相对于电子媒介是新媒介，媒介的科技发展不是被取代的关系，而是一个相互叠加的历史进程。新媒介具有双向互动、传播面广、传输速度快、个性化明显等特点。数字信息时代的新媒介，不仅博采众长地吸收了旧式媒介的优点，同时加入了高科技的元素，从此，受众们拥有了更多的可操作权，内容传播则打破了时间、空间的局限，信息传输方式更是发生了质的变化。

当前，手机客户端、电子图书、数字音频广播、网络电视等新媒介形式层出不穷，信息传播改变了原有的单向线性传播，这让受众在内容接收上处于主动，他们可以自主选择节目内容和节目顺序，观看或收听往期的内容。这些人性化的服务和个性化传播模式大大提高了信息传播的有效性。

（5）大众媒介。大众媒介指的是专业化媒介组织运用先进的传播技术和产业化手段，以社会大众为传播对象而进行的大规模的信息传播活动。①大众媒介涵盖报纸、杂志、图书等印刷媒介，广播电视类电子媒介及网络、手机等新兴媒介，在传播者与广大受众之间构筑了一个重要"桥梁"，并借此达到输送信息内容的目的。随着宽带工程的逐步推进，网络媒介正发挥着越来越重要的作用。受众由单一的信息接收到及时反馈和发表意见的双向互动，过去的由点到面传播渐渐转变成点对点和面对点的具体化、个性化传播，人们获取外界知识的途径也变得越来越多元化、立体化。至此，大众媒介开始了新的传播篇章。

综上所述，每一种传播媒介的特点各有不同，有其优势也有其劣势，针对目标传播群体和传播内容，我们应该充分利用每种媒介技术的优势，掌握其传播规律，并根据实际相应调整内容传播的具体形式，从而达到有效传播的结果。《论语》中讲："工欲善其事，必先利其器。"这里强调了器物对一件事情完成的重要性，不同的媒介拥有其各自的形态和传播规律：报纸类印刷媒体利用文字信息传递内容，广播利用听觉符号传播信息，电视则同时利用声音和画面进行传播。作为承载内容的平台，如何避免单一的内容式输送，如何能够驾轻就熟地使用媒介，将媒介的技术优势结合内容优势并淋漓尽致地发挥出来，这才是媒介利用的意义之所在。

2. 媒体的性质与功能

（1）媒体的性质

媒体在组织意义、技术意义和社会意义上呈现出了不同的含义。

组织意义上的媒体指复杂的单位组合体，是从事信息的采集、加工制作和传播的社会组织，即传播机构，主要指报社、出版社、电台、电视台等。

技术意义上的媒体指信息流动的载体、渠道和中介物或技术手段，主要指电话、报纸、期刊、书籍、广播等。正如麦克卢汉（M. McLuhan）所说，媒体是一切可以传递信息的物体，是信息源和信息接收者之间的中介

---

① 岳泉，汪徽志，等.新媒介概论［M］.南京：南京大学出版社，2010：8.

工具，强调的是物质性和工具性的特点，是并不生产内容的传播工具、渠道或平台，比如播放各类新闻、电视剧等节目的电视台、传递热点内容的杂志等。

社会意义上的媒体则是政治宣传的工具，是某个集团或大众的"喉舌"。通过媒体传播政治信息，潜移默化地对公众的政治观念产生影响，形成大众的政治意识和政治立场。20世纪初，中国新兴的资产阶级通过《万国公报》《时务报》宣传西方的民主、自由思想，反对封建帝制，灌输西方的资产阶级政治观念；紧接着，中国早期的共产主义者通过《新青年》《京报》等介绍俄国革命情况，宣传马克思主义和共产主义思想，并进行新文化启蒙宣传；抗战期间的《新华日报》、新华广播电台等都起到重要的宣传和舆论导向作用。

媒体从不同意义上进行解读，表现出了不同的含义，它在组织意义上是传播机构，在技术意义上是载体，而从社会意义上理解媒体，则真正体现了媒体的本质。它在本质上是一种政治工具，是某个阶级、集团的"喉舌"。

（2）媒体的功能

①政治功能。媒体的政治功能体现在两个方面：一是政府可以使主体意识形态得到有效传播，并通过媒体了解民情，获取社会反馈；二是民众可以通过媒体行使表达诉求、监督行政和参政议政的权利。马克思曾经用"耳目喉舌"来形容作为媒体之一的报刊的政治功能，他指出："报刊按其使命来说，是社会的捍卫者，是针对当权者的孜孜不倦的揭露者，是无处不在的耳目，是热情维护自己自由的人民精神的千呼万应的喉舌。"① 特别是二战以后，经过多年的发展，媒体俨然成为独立于行政、立法、司法之外的"第四种权力"，成为社会舆论的重要工具。

②经济功能。马克思曾经指出：报刊是"一个有收入的文字事业"②，"报纸是作为社会舆论的纸币流通的"③。生产行为的产生来源于

---

① 马克思恩格斯全集（第6卷）[M].北京：人民出版社，1961：275.

② 马克思恩格斯全集（第27卷）[M].北京：人民出版社，1972：159.

③ 马克思恩格斯全集（第7卷）[M].北京：人民出版社，1959：117.

需求，而社会需要信息的传递和交流，于是产生了媒体内容的生产、加工和销售行为。由此可见，媒体具有经济功能。

媒体的经济功能主要体现在两个方面。一是媒体通过传播创造了巨大的经济效益。在《朝日新闻》、CCTV、《卫报》、《时代周刊》等媒体监督时政、传承文化、娱乐大众的同时，也造就了许许多多商业集团。二是媒体传递经济信息，反映了经济状况。媒体不断地收集并发布经济信息，表现形式包括报纸的经济版、财经类杂志、电台、电视台的财经节目等。国家根据经济发展的需要，不断地出台新的经济政策，而这些经济政策必然要通过各种媒体的传播才能扩大影响。

③社会功能。媒体的社会功能主要是指其传递资讯、提供娱乐和传承文化的功效。

传递资讯是媒体的最基本功能。人们通过书信、电报、电话、手机、互联网等媒体进行跨越空间的沟通，每天通过广播、电视等了解天气情况、交通信息、社会热点等各种资讯。随着广播、电视、互联网等媒体的发展，产生了广播剧、电视剧、文艺晚会、微电影等新的娱乐形式，在满足人们的娱乐需求，释放压力、舒缓身心的同时，也促进了人们对于广播、电视等这些媒体形式的认可和喜爱。

媒体在传递资讯的过程中，保存、发扬和创造了文化，体现出了文化功能。广播、电视、互联网等媒体使文学艺术大众化，如中央电视台的"百家讲坛"以文化题材为主，较多涉及中国历史、中国传统文化等，雅俗共赏，深得观众喜爱。其中，钱文忠解读《百家姓》、易中天"品三国"、王立群读《史记》、阎崇年讲"清十二帝疑案"等都深入人心，推进了文化的大众化。

2. 媒体的传播

（1）传播的概念

媒体是传播内容的载体，因此传播是媒体的主要属性。传播是人类发展史上一种神奇而独特的社会现象，它无处不在，是人类社会赖以生存和发展的基础。对于"传播"的定义，古今中外有很多不同的解释。

在我国古代，"传"和"播"是两个相近但并不相同的概念。"传"

是指知识、消息、情感的流动，有传授、传承、表达等含义；"播"的原意是播种、撒种，引申为分散、散布、传布等含义。"传"和"播"用在一起，是广泛的散布、传扬之意。当前，"传播"一词一般是指事物的传递、散播。

英文中"传播"对应的单词"communication"，与汉语中一般意义上的"传播"相比，意义更加广泛，不仅包含通信、会话、传递等，还包括交通、交流之意。它更强调传播的双向性和行为主体双方地位的平等。

不同学者从不同角度对于"传播"这一概念的定义各不相同。社会学家一般侧重强调传播的社会关系性，指出传播是一种社会互动行为，把传播看作是人与人关系得以成立和发展的基础，如美国社会学家库利（C. H. Cooley）在《社会组织》中，将"传播"定义为"人与人赖以成立和发展的机制——包括一切精神象征及其在空间中得到传递、在时间上得到保存的手段。它包括表情、态度和动作、声调、语言、文章、印刷品、铁路、电报、电话以及人类征服空间和实践的其他任何成果"①。信息科学与传播学相互影响和渗透，扩大了传播学的视野，指出传播并不是人类特有的现象，而是自然和社会的普遍现象，信息是物质的普遍属性。1990年我国学者徐耀奎就提出"传播就是人们进行信息交流的一种活动"。综合社会学和信息科学的观点，郭庆光在1999年提出："所谓传播，即社会信息的传递或社会信息系统的运行。"可见，传播是一种信息共享活动，是一种双向的社会互动行为，它在一定社会关系中进行，又是一定社会关系的体现。

（2）传播媒体

传播媒体是传播者和传播受众之间的桥梁和纽带，是在传播过程中用来传递信息的中介。人类使用传播媒体的历史非常悠久，早在远古时代就开始利用动作、表情、语言等传递信息。在人类历史上，传播媒体的发展先后经历了5次革命。

第一次媒体革命发生在大约2万年前，其标志是语言的产生和使用。

---

① 转引自郭庆光.传播学教程[M].北京：中国人民大学出版社，1999: 2.

语言的使用使人类实现了从猿到人的转变，身体在信息交流时得到了解放，同时也为人类思想的准确交流和继承提供有效依托，从而有效促进了人类文明的进程。

第二次媒体革命发生在公元前4000年左右，其标志是文字的产生。通过文字记录历史和传递信息，使得生活经验得以保存，传递信息更加准确，并且信息传递突破了声音传递的距离限制，延伸了人际传播的广度，拓展了人类交流的空间。古埃及将文字写在草皮上、中国古代将文字刻在动物骨头、竹简上，这些最早文字的出现都为造纸术和印刷术的诞生奠定了基础。

第三次媒体革命发生在公元100年至1000年之间，其标志是造纸术和印刷术的发明。公元105年，我国的蔡伦发明了用树皮、麻头等植物原料制成纸张，用于书写；公元1000年左右，我国的毕昇发明了活字印刷术，之后，德国的古登堡进一步发明了金属活字和活版印刷机。纸张价格便宜，货源充足，携带方面，而印刷术使信息的快速和大量复制成为可能。这两项发明为信息的传递和保存带来极大便利，推动了教育文化事业发展，加速了新思想的传播。

第四次媒体革命发生在19世纪到20世纪，其标志是无线电技术和电视的发明。1844年美国人莫尔斯发明了有线电报，1876年美国人贝尔发明了电话，1895年意大利人马可尼发明了无线电报，1920年美国诞生了世界上第一家电台，1936年英国建立了世界上第一个公众电视发射台。第四次媒体革命让信息的传播突破了时间和空间的限制，并成为人们获取信息和休闲娱乐的主要媒体。

第五次媒体革命发生在20世纪下半叶，以电子计算机和互联网等信息技术的应用为标志，也被称为新媒体革命。新媒体速度快、容量大、多媒体、超文本、可复制、交互性等诸多优点，极大降低了媒体成本，提高了媒体传播的效率，给人们的生产生活方式带来了深远的影响。

（二）新媒体概述

1. 新媒体的概念

早在40多年前，"新媒体"这一概念就被提出了。"1967年，美国 CBS（哥伦比亚广播电视网）技术研究所所长，同时也是 NTSC 电视制式的发明者戈尔德马克（P.Goldmark），发表了一份关于开发 EVR（Electronic Video Recording，即电子录像）商品的计划，其中第一次提出了'新媒体'（New Media）一词。"[①]随后，"1969年，美国传播政策总统特别委员会主席 E.罗斯托（E.Rostow）在向尼克松总统提交的报告中，多次使用"新媒体"一词"[②]。至此，"新媒体"这一专有名词便在美国社会中慢慢兴起，并逐渐开始在全世界流行。新媒体技术的发展日新月异，新媒体的形式也不断被开发、创新，可以看到，新媒体发展适应社会的发展需求，前景无限。

对"新媒体"这一概念，可以从内涵和外延两个方面来进行阐述。按内涵来解释，新事物产生的对立面往往是旧事物。新媒体就是突破了传统媒体的固有模式（如报纸、广播等），以新的传媒技术体系为核心，通过新的形式来传播信息。新媒体的传媒技术发展迅速，一般包括数字技术、网络技术、移动通信技术等。新媒体与传统媒体的不同，在于其信息的发布与传播是一个全球化的过程，在信息传播过程中突破了时间、空间的限制，加快了信息的传播速度。按新媒体的外延来解释，其范围就变得相当广阔。在信息化的今天，它们充斥着我们的生活，如卫星电视系统、手机网络平台等。在这样环境的影响下，现在大部分人已经接受并习惯于这种传播方式，且伴着技术的推陈出新，随时随地进行信息交流已不再是问题。人们开始习惯使用这些设备来查阅自己感兴趣的信息、阅读文章等。在新媒体蓬勃兴起、持续发展的时代，我们只有不断地学习新媒体技术，才能及时了解和掌握最新的社会消息与动态，与时俱进。

---

① 王永兴, 孙青青. 新媒体背景下的诽谤罪认定 [J]. 西南政法大学学报, 2010（03）: 130.
② 黄健. 新媒体时代背景下的版权保护 [J]. 出版广角, 2010（07）: 54.

2.新媒体的类型

学术界和业界对于新媒体的概念众说纷纭，分类方法也很多，笔者根据终端的不同，将其分为网络媒体、移动新媒体和其他媒体等。

（1）网络新媒体

网络媒体也被称作"第四媒体"，这一称呼最早由联合国前秘书长安南1998年5月在联合国新闻委员会上提出。他指出，在加强传统的文字和声像传播手段的同时，应利用最先进的第四媒体——互联网。网络媒体是继以纸张为媒介的报纸期刊媒体（第一媒体）、以无线电为媒体的广播媒体（第二媒体）和基于无线电视频传输的电视媒体（第三媒体）之后，以互联网为媒体发展起来的，与传统媒体并重的媒体形式。网络媒体既包括传统媒体的数字化，如许多报社都开设了报纸网络版，如光明网、中国新闻网、人民网、凤凰网等，也包括基于互联网络而产生的新媒体形式，如电子邮件、BBS、QQ、新浪网、百度、网易等。

①政府、企事业单位等的官方网站

官方网站是政府、企事业单位为了让世界了解本单位基本情况、主要业务而在互联网上开设的专门网站，具有信息政策的公开、品牌形象的推广、产品信息的介绍及单位的联系方法等功能。如中华人民共和国中央人民政府网站（www.gov.cn）、教育部网站（www.moe.gov.cn）、南京航空航天大学官网（www.nuaa.edu.cn）等。对于现代人来说，要想了解一个组织或是一个产品的准确信息，查看其官网是最为快捷的方法。

②综合性门户网站

综合性门户网站"是指通向某类综合性互联网信息资源并提供有关信息服务的应用系统"[①]。门户网站信息几乎无所不包、信息量大、赢得了大量关注，是当前人们获取资讯的主要渠道之一。现在国内较大的门户网站包括人民网（www.people.com.cn，全球十大报纸之一的《人民日报》建设的新闻类网站）、新华网（www.xinhuanet.com，新华社主办的中央重点新闻类网站）、腾讯网（www.qq.com，腾讯公司推出的集新闻、社区、

---

① 王长潇主编.新媒体论纲［M］.广州：中山大学出版社，2009：16.

娱乐等功能为一体的门户网站）、新浪网（www.sina.com.cn，老牌综合性门户网站）、央视网（www.cctv.cn，中央电视台主办，集新闻、信息、娱乐、服务为一体的视听互动特色门户网站）等。

③BBS 社区

BBS（全称Bulletin Board System），即电子公告板系统，它和电子邮件都是互联网发展初期的发明，至今仍然被广泛地应用。它允许注册用户在 BBS 上发表看法或发布信息，这些信息对所有人开放。通过 BBS 系统，不同空间和时间的人们可以对感兴趣的问题展开热烈的讨论。现在比较有影响力的 BBS 社区有天涯社区、猫扑社区、百度贴吧、强国论坛、西祠胡同等。

（2）移动新媒体

移动新媒体通过移动网络或 Wi-Fi 等上网，并以手机为接收终端的传播形式，也被称为继报刊、广播、电视、互联网之后的"第五媒体"。美国媒体理论家保罗·莱文森（Paul Levinson）在其著作《手机：挡不住的呼唤》中指出，手机是唯一能将说话和走路这两种人类基本交流方式实现无缝对接的媒介形式[①]，手机就像我们的感知器官一样，成为每个人随身携带的媒体和最重要的信息获取源。移动新媒体的便携和移动的优势，使之具有传播快、更新快、互动性强的特点。移动新媒体主要包括以下几个方面。

①以手机报为代表，通过短信、彩信形式传播的媒体形式

手机报是手机运营商将用户订阅的新闻进行编辑整理，并通过彩信的形式发送给手机用户的媒体形式。手机报实质上是传统报纸的电子化，通过彩信按时发送给手机用户的"浓缩的报纸"，用户接收后，可以离线反复阅读，传播介质由纸张变为电子介质，因此其相比传统报纸具有质的飞跃，体现出了传统报纸所不具有的优势，如可以实现即时传播和接收，还可以传送图片、声音、动画等内容；订阅也十分方便，省去了跑邮局或预约上门服务的麻烦，而且可以随时通过短信退订或续订，资费在手机话费

---

① 参见［美］保罗·莱文森.手机：挡不住的呼唤［M］.何道宽，译.北京：中国人民大学出版社，2004.

中扣除，十分便捷，因而在全国范围内被迅速地接受。

②手机电视

手机电视是通过移动通信技术，以手机为终端，实时传输电视节目内容的媒体形式。它是多种技术融合的产物，也是媒体融合的产物，是电视媒体在手机端的延伸。手机电视具有视频音频并茂、受众面广、渗透力强的特点，同时兼具高度移动性、交互性。

③以微信为代表的客户端软件

手机客户端软件也称作移动应用 App，是传统互联网网站为便于手机用户浏览网站内容，按照手机的阅读习惯编写的，运行在手机操作系统上的软件。App类似电脑上的软件，在安装后，点击桌面图标即可进入、查看内容，而无须进行登录浏览器或输入网站这些复杂的操作。常见的客户端软件有网易新闻客户端、搜狐新闻客户端、新浪微博客户端、大众点评客户端等。

微信是腾讯公司在2011年1月推出的即时通信软件，运行在手机客户端，具有跨运营商、跨操作系统、多语言支持等特点，支持文字、语音、视频、图片等多种形式传输。微信被推出后，获得了爆炸式的增长：仅2013年微信的国内注册用户超过4亿，海外用户超过了1亿；截至2020年国内注册用户超过12亿。腾讯还适时推出了游戏中心、微信支付、微信公众平台等模块，正逐渐演变成为一个移动交易平台，可以轻松实现像查询信用卡、缴纳水电费等功能。微信给人们生活带来了巨大影响，正如微信官网所说："微信，是一个生活方式。"

（3）其他新媒体

除了网络媒体、移动新媒体外，还包括数字电视、IPTV、列车电视、公交地铁移动电视、电子广告牌、车载娱乐系统等，有的是传统媒体的升级，有的则是新的媒体形式。它们都是随着时代发展而出现的以数字技术为基础的媒体形式，都属于新媒体的范畴。

数字电视与模拟电视相对，是在原来模拟电视的基础上，将电视节目信号的录制、发射、传输和接收的全过程均采用数字电视信号的电视类型。数字电视信号损失小、接收效果好，因而具有图像质量高、节目容量大等特点，可以实现移动接收、视频点播、远程教育、广告宣传等增值业务，甚至可以与互联网互联互通，浏览观看互联网上的海量资源。

公交、列车上的移动电视与接收卫星模拟信号的传统电视不同，它通过接收无线数字信号，实现了对公交、列车等交通工具的覆盖，不仅可以娱乐和欣赏，还广泛用来播放公益广告及承担城市应急预警信息发布等任务。

3. 新媒体的特征

新时代随着网络信息技术的快速发展，新媒体形式呈现出多样化发展趋势，相对于传统媒介，新媒体表现出交互性、便捷性、去中心化、碎片化等一系列特征。充分认识新媒体特征，更好地理解新媒体自身发展规律，对于推进新媒体与马克思主义理论传播具有非常重要的意义。

（1）交互性

新媒体时代，传播媒介与受众群体改变了过去的单向式关系，向交互式方向发展。这是新媒体自身快速发展的重要体现：不仅仅是传播媒介可以影响受众，受众也可以发表自己的声音，甚至影响传播导向与传播速度。例如，重大新闻时期（如两会、奥运会期间），主流新媒体平台如腾讯、今日头条、新浪微博、搜狐视频、斗鱼直播等都会设立专门的互动讨论的版块，让人民群众参与到新闻的生产中。新闻的内容可以影响到人民群众，人民群众的态度、发言也能产生巨大的舆论效应，影响新闻的发展方向，甚至影响到价值观念、个人态度。传统媒体时代，媒体主要是信息的生产者，单向地把信息生产出来，然后传递给人民群众，这仅仅是一种点对点、点带面的单向式传播，具有严重的滞后性。传播者与接收者的地位是不对等的，传播者并不考虑到受众本身的感受、态度、价值理念，两者几乎没有交流互动，没有反馈。新媒体给媒介与受众的关系带来了根本性的变化，传播者和接收者之间的界限模糊，接收者不再被动地接收信息，而是可以与传播者进行良性互动和沟通。信息接收者也可以成为信息的生产者，也在影响着当前的传播关系。这种角色的自由转换大大增强了双方的交互性、灵活性、平等性，信息资源实现了资源的共享。交互性是新媒体传播的关键特征。

（2）便捷性

新媒体传播速度快，受众群体广，使用便捷，通过简单的操作便能快速、即时反映发生的事件，便捷性是新媒体的显著特征之一。根据中国互联网络信息中心（CNNIC）发布的第47次《中国互联网络发展状况统计报告》显示，截止到2020年12月，我国网民规模达9.89亿，较2020年3月增长8540万，互联网普及率达70.4%，较2020年3月提升5.9个百分点；我国网民使用手机上网的比例达99.7%；使用电视上网的比例为24.0%；使用台式电脑上网、笔记本电脑上网、平板电脑上网的比例分别为32.8%、28.2%和22.9%。①由此可以看出，新媒体的覆盖面比以往任何传统形式的媒体都要广，普及率也达到历史新高。新媒体无可比拟的快捷性，打破了传统媒体在时间上、地域上的限制，这是传统媒体望尘莫及的。传统媒体在传播上具有时效性，受众需要定时定点地关注相关信息，比如每天早上定时收看中央电视台的《早间新闻》，每天晚上七点播出的《新闻联播》。传统媒体发布的信息不具有即时性，无法随时观看或随时随地关注。新媒体传输的数字信号，不同国家和地区之间能即时传播、即时处理和加工信息。新媒体无疑开创了信息传播的新时代，这是传统媒体无法实现的。

（3）去中心化

中心化是指媒体传播信息的过程以媒体为中心，从上到下或从中心到各个方面。例如《人民日报》《光明日报》等，这些都是有组织的机构，人才、技术和资源相对集中，具有一定的有话语权。这种传播属于单向传播，我说你听，属于"主导受众型"。传统媒体信息的传播可以牵一发动全身，是一种层次结构，可以纲举目张。而互联网是没有中心节点的网络结构，决定了其内在本质是去中心化，即对话语权的解构、媒体资源的重新"洗牌"。在新媒体上，每个人在新闻面前都是平等的。这里的平等指的是信息交流和接收的平等。任何媒介工具的改变都会带来话语权的转移。传统媒体的"主导受众型"在数字技术和网络技术的推动下成为新媒

---

① 参见第47次《中国互联网络发展状况统计报告》（全文）_中共中央网络安全和信息化委员会办公室[EB/OL]. http://www.cac.gov.cn/2021-02/03/c_1613923423079314.htm.

体的"受众导向型"。

（4）碎片化

新媒体所发布的内容大多数来自用户，因此没有规律。它不能预测用户上传什么内容，什么时间上传这些内容，内容的发布具有偶然性，并且发布的内容显得零散。这种不定时地发布零散内容、没有组织的行为，有一种说法叫"微内容"，也叫碎片化。"微内容"只描述数量概念，不涉及定性特征。"碎片"一词可以更好地表达新媒体的特点，因为许多内容似乎支离破碎地放在一起，从整体上看，一只无形的手将它们有效地整合。新媒体传播终端的多样性、信息交流的互动性、便捷性是新媒体碎片化的重要原因。碎片化不仅体现在内容产生方面，也对受众阅读方式产生影响，这正是碎片化阅读广泛存在的重要原因。

4. 新媒体的功能

（1）舆论功能

民众对于社会公共事件所提出的个人观点被统称为舆论。舆论是指相当数量的公民对于某特定话题公开表达的、趋于一致的观点、信念、态度及意见的集合。网络舆论传播的快捷化，不仅来源于网络技术的支持，同时更来源于网络传播理念的自由与开放。[①]舆论是一种社会评价，也是社会心理的一种表现形式。舆论通常在传播过程中形成。当出现社会公共事件后，经过新媒体传播，民众对事件有所了解并根据个人想法发表的个人观点、看法，从而形成舆论。舆论是由民众、发生的社会公共事件以及民众对于发生的社会公共事件的个人看法等三个要素组成。新媒体的主要特征在于信息反馈的便捷性和自由性，不管是微博、论坛还是网络空间，人们能够随时发表相关看法。新媒体的快速发展实际上是推动舆论发展的，成为舆论的良好载体。总的来说，新媒体推动舆论发展主要体现在以下三个方面。一是形成舆论。民众是舆论形成的必要组成要素，只有民众参与相关信息的传播才能够形成舆论，因此可以说舆论是由民众创造，民众在对社会公共事件发表个人看法形成舆论。媒体作为社会公共事件传播的媒

---

① 穆祥望. 网络媒体环境下的舆论导向功能研究［J］. 情报科学, 2007（11）: 1642.

介，若没有媒体参与，舆论也无法形成。新媒体具备自身优势，民众能够通过新媒体便捷地参与信息的互动，并决定着舆论的形成方向和存在方式。民众个人意愿与新媒体结合而产生舆论，与不同的新媒体结合所产生的舆论形式也有所不同，进而导致舆论传播方式、舆论影响等有所不同。二是传播舆论。舆论的核心在于它的传播性。当失去传播性时，舆论也就不能称之为舆论。舆论在形成之后通常会通过媒体进行传播，当舆论不在媒体中传播时则说明其消失。三是设置舆论。有专家表示，当一些话题重复在大众面前被强调时，往往会被大众重视并加以传播，由此形成舆论。新媒体作为大众接收信息的主要来源，在新媒体形式中设置话题则等同于引发舆论。这也是人们常说的舆论导向。当舆论在引导过程中有利于国家发展、社会稳定、学生正确成长时，则舆论属于正确设置，舆论的导向作用就被正确地发挥出来。

（2）娱乐功能

当前社会人们通过新媒体来获得各种文字、图片、影像等信息进行休闲娱乐，从而满足生理以及心理上的需求。不同年龄、不同群体对于新媒体的需求也有所不同。大学生更多的是信息的获取、信息的交流以及游戏娱乐，以此来满足自身精神上的需求。社会需要利用新媒体技术帮助学生建立正确的价值观念，帮助学生积极健康成长，需要进行引导和监管，更为深入地了解新媒体。

（3）文化载体

与传统媒体相比较，新媒体的特点和优势主要表现为以下几点。第一，文化创造。媒体只是信息传播的载体，新媒体作为一种新的信息传播方式需要有实质性的信息内容，这种信息内包含文字、音频、影像等。这些利用新媒体形式传递的信息内容通过文学、音乐、视频等形式展现。人们通过这些丰富的信息传递形式得以不断丰富自己。第二，文化交流。文化最主要的特性是交流与传播。新媒体技术将全世界人们联系在一起，使得文化能够通过新媒体技术快速传播，能够及时了解不同地区国家的文化内容，不同文化之间的碰撞也越来越激烈，文化在交流与传播中不断发展融合。第三，文化传播。相比于传统媒体，新媒体的最大优势就在于它的传播形式和传播速度。其中，新媒体能够通过文字、图片、视频等方式进行信息传播，这些方式能够满足使用者的需求，让民众主动参与到文化传播队伍中去。除此之外，新媒体传播速度迅速，创作者瞬间就能够将作品发送给受众，这一点打破了传统媒体在文化传播上存在的时间、空间限制，为文化发展提供很大助力。

（4）教育功能

教育本身也是文化传播的一种。文化在传播过程中离不开媒介，新媒体则成为文化传播的新媒介。新媒体不仅具备新型的文化形式，同时传统的学科文化也能够通过新媒体得以广泛传播——书本知识可以通过新媒体以各种形式广泛传播。文化需要继承发展，新老文化在传承发展过程中对人们有着潜移默化的影响，这一过程就是教育的一种形式，因此，通过运用新媒体进行文化的传播，可以促进教育的发展。

新媒体的教育功能主要体现在教育传播功能和教育更新功能两方面。

首先，新媒体的教育传播功能主要体现在思想教育及正反面教育上。其一是新媒体的思想教育功能。由于在新媒体中包含有更多的先进知识与多样化内容，给理论教育提供了更为广阔的教育平台。在当前社会，智能手机、平板电脑已在学生中普遍使用，教师可充分利用，开展理论教育，从而提升学生的受教育能力。其二是新媒体的正向功能。主要是指在新媒体发展过程中，为理论教育的传播开拓出新的空间，交流形式也产生许多变化和发展，变得更为便捷与自由，教师的教育手段和工具变得更加丰富，促进教育资源实现进一步优化，也大大提高了理论教育传播速度，从而提升了理论教育的实效性。其三是新媒体的负面功能。新媒体中存在海量的信息内容，过度地使用新媒体容易产生信息外溢，同时也易带来时间碎片化与知识碎片化等问题，致使教育功能遭受负面影响。

其次，新媒体有着教育更新功能。新技术的产生都有着时代性特点，运用新技术不只是能为社会增加一些新工具，还可以促进教育体制发生变革。新媒体的产生与发展对知识传授的关系以及现代教育的传播理念都产生影响。同时，新技术一定程度上也对教师的权威性造成冲击，使课堂不再是获得知识的唯一途径，降低了学生对教师的依赖程度，导致教师时刻需要面对新技术对教学带来的冲击。因此，在新媒体背景下，教师应积极地更新教育观念以及个人理念，这样才能更科学地把新媒体和传统教学方式加以整合应用，从而提升理论教育的针对性和有效性。

（5）信息沟通

信息沟通是新媒体的功能之一，该功能也是新媒体相对于传统媒体的最大优势。虽然新媒体与传统媒体形式一样，都是信息传递的媒介，但在新媒体中，各种信息不断交流、碰撞、融合，由此将会产生更多更大量的信息。人们在日常生活中往往需要查找一些信息，如天气情况、交通状况、医疗服务等，都可以通过新媒体快速找到。快速找到所需信息，针对具体情况来安排个人生活，满足个人需求，从而促进社会发展。除此之外，新媒体所具备的便捷的信息发布、反馈等方式能够极大地提高交流效率。在新媒体中信息量大、种类繁多，周期也较短，一些舆论会在较短时间内被新的舆论所替代，且传播者可以根据信息内容以及自身需求对信息受众进行设定，这个受众可以为某一年龄段，也可以是某一社会群体。

二、马克思主义理论与传播学的契合性

传播学是20世纪30年代以来跨学科研究的产物，凡涉及人与人之间关系的学科，如政治学、经济学、人类学、社会学、心理学、哲学、语言学、语义学等，传播学都与其相关联。传播学又有其确定的研究对象和领域，这就是研究传播行为和传播过程发生、发展的规律以及传播与人和社会的关系的学问，其重点是人与人之间的信息传播过程、手段、媒介等。不难看出，马克思主义理论与传播学有诸多的内在关联。马克思主义理论传播是马克思主义理论实践化、中国化、时代化和大众化的本质要求。马克思主义是科学的理论体系，但仅凭理论自身的科学性是远远不够的，必须通过一定的话语系统表现出来，必须通过传播为大众所认可和接受。马克思主义理论通过媒体的有效传播，摆脱了在诞生之初即被国际资产阶级棒杀的命运，并在传播中获得生命力，在传播中不断发展，也有效证明了马克思主义理论是严整的、科学的理论体系。

（一）马克思主义理论的传播目的与传播学的传播目的相契合

马克思主义理论的传播与传播学都强调信息的传递过程，它是人与人之间、人与社会之间，通过媒介进行信息传递、信息接收或信息反馈，使整个社会在不断的进步中发展和变化。马克思主义理论传播的目的究其根本在于，既着力提升马克思主义理论的宣传和研究水平，使其最大可能地指导现实社会的发展，又应按照当代中国马克思主义理论的要求，着力实现为绝大多数人谋利益，从根本上提高马克思主义对广大人民群众的亲和力和凝聚力，使其获得广大人民群众的由衷认同，为推动社会发展提供精神力量。从马克思主义在中国的传播历史来看，马克思主义理论传播与传播学的这种契合显得更为清晰。中国共产党自成立以来，一直把马克思主义基本原理同中国革命和社会主义建设相结合，在实现马克思主义中国化的同时，花费了大量的精力来实现马克思主义经典理论民族化、具体化和大众化的传播，即在人与人之间、人与社会之间，通过媒介开展马克思主义理论传递、马克思主义理论接受或马克思主义理论反馈等工作，经过由小范围传播到大范围传播、超范围传播的发展，从小众认同、分众认同到大众认同的发展，让马克思主义理论武装群众、掌握群众，并转化为人民群众的巨大精神力量，推动了中国特色社会主义的健康发展。

（二）马克思主义理论传播的基本要素与传播学的传播要素相契合

马克思主义理论传播与传播学共同拥有四大基本要素，即传播者、传播对象、传播内容与传播媒介。从实践来看，马克思主义理论传播的传播者，主要指在马克思主义理论宣传中承担宣传任务的组织或个人，或者说是党和政府以及相关思想教育机构。传播对象主要指接受马克思主义的受众，即广大人民群众。传播内容，这里主要指马克思主义基本原理、基本方法以及中国化的马克思主义理论成果，包括中国特色社会主义理论体系和党的一系列方针政策。传播媒介，这里指服务于广大人民群众的传播媒介，包括广播、电视、电影、网络、报刊等信息传递载体，或者是社会团体、学校课堂等专业化媒介组织。马克思主义理论传播选择了传播学，应用了传播学。在与传播学基本传播要素的契合中开展的马克思主义理论传播活动，不仅要推动实现马克思主义中国化的政治使命，还要使之成为人民大众的精神家园。

（三）马克思主义理论传播的工作机制与传播学的传播运行机制相契合

传播学的传播运行机制是拉斯韦尔（H.Lasswell）提出的"5W"[①]，即"谁"（who）；"说什么"（says what）；"通过什么渠道"（in which channel）；"对谁说"（to whom）；"产生什么效果"（with what effect）。这一运行机制与马克思主义理论传播的组织宣传者或机构宣传马克思主义理论，通过报刊、学校课堂等媒介对干部群众产生思想影响等一系列工作机制相一致。

首先，坚定信仰的传播主体。毛泽东说过："我一旦接受了马克思主义对历史的正确解释以后，我对马克思主义的信仰就没有动摇过。"[②]一种理论要发挥它改造世界和改变世界的作用，还必须有一个很重要的载体，那就是践行和传播这一理论的主体。在中国，马克思主义的理论践行和传播主体就是中国共产党。我们清楚地看到，坚定信念的马克思主义传播主体在推动中国社会展进步中始终如一地充当了两个角色，一是先进思想的传播者，二是先进思想的实践者和创造者。马克思主义在中国的传播并不仅仅需要知识分子进行思想的传播，更需要脚踏实地的实践者。

其次，理论的大众话语传播。马克思主义理论大众化传播的实现路径有两个：一是贴近人民大众的生活实际。理论的传播只有同人民大众生活中的实际问题、现实困惑相对应，才能使受众从理论解读中获得有价值的信息并受到启迪。二是与人民大众的发展需求相结合。理论的大众化应使

---

① ［美］哈罗德·拉斯韦尔. 社会传播的结构与功能［M］. 何道宽译. 北京：中国传媒大学出版社，2013：41.

② ［美］埃德加·斯诺. 西行漫记［M］. 北京：东方出版社，2005：147.

用民族的语言、群众的语言、通俗的语言、简化的语言，如毛泽东提出的"三大法宝""糖衣炮弹""纸老虎""三座大山"等都贴近大众生活，契合大众情感，易于群众理解和接受。

再次，形态多样的传播方式。在推进马克思主义理论传播进程中，中国共产党始终注重利用多种多样的传播方式。一是理论内容阐释方式的多样性。马克思主义理论传播需要采用通俗化、大众化的风格来传播，不仅以经典著作的形式，还以通俗读物的形式、文艺作品的形式、艺术展现的形式等来表达，任由人们自主地选择。二是理论的物质载体和传播渠道多样性。马克思主义理论传播既坚持充分利用中国传统的、群众喜闻乐见的传播途径和传播方式进行呈现与扩散，又积极利用网络新媒体，不断赋予马克思主义理论传播以新形式。

最后，思想教育功能凸显。无论在开发和生产丰富多彩的文化产品中，还是在思想教育领域，党和政府都坚持把马克思主义的思想精髓和中国化的马克思主义理论最新成果最大限度地进行传播，使之进课堂、进教材、进头脑。

三、新媒体时代马克思主义理论传播的
必要性及重要意义

（一）新媒体时代马克思主义理论传播的必要性

1. 运用新媒体传播马克思主义理论符合马克思主义的内在要求

马克思主义理论是不断发展的理论体系，是面向世界、坚持开放的理论体系，是不断吸纳人类文明成果的思想体系。马克思主义的开放性决定了马克思主义和现实世界永远联系在一起，时刻关注现实的变化和吸收新的理论成果。

马克思主义是以全人类的最终解放为最终目的，以唯物辩证法作为我们认识世界和改造世界的方法论依据，揭示了自然、思维和人类运动发展

的一般规律。马克思运用历史观从商品经济的一般规律开始，具体研究了商品生产的矛盾，发现了剩余价值的秘密，揭示了资本主义的生产方式所固有的不能消除的矛盾，说明了资本主义社会产生、发展及其走向灭亡的必然规律，阐明了无产阶级作为创造者的历史地位。从工具层面上来讲，马克思主义具有世界性和时代性；从效果层面上来讲，马克思主义同中国特色社会主义的整合是当今中国文化的最佳状态，是最具有生命力的文化有机体，是具有革命性、科学性和民主性、大众性的。

从马克思主义在中国的传播历程和马克思主义理论创新的脉络上来讲，新媒体时代马克思主义理论传播主要包含两个方面：一是广大人民群众不断认同、掌握和运用中国特色社会主义理论。我们要不断增强中国特色社会主义的"四个自信"，即道路自信、理论自信、制度自信、文化自信，在当代让人民群众掌握和理解马克思主义。二是向世界传播中国的马克思主义，让不同国家的人民群众了解、认同中国的发展模式和中国改革开放以来取得的成就，理性看待中国和中国道路，消除对中国的不良影响。

马克思主义理论传播的主要内容包括以下几个方面：第一，宣传和普及中国化的马克思主义理论，包括毛泽东思想、邓小平理论、"三个代表"重要思想、科学发展观和习近平中国特色社会主义思想。第二，宣传和普及马克思主义中国化、时代化和大众化的卓越成就，人民群众在社会实践中的成功经验。例如：宣传和普及改革的大政方针、依法治国思想，开展党的群众路线教育实践活动、"三严""三实"专题教育、"两学一做"学习教育、"不忘初心，牢记使命"专题教育等。第三，宣传和普及中国特色社会主义道路和社会主义核心价值观。中国道路是在一定的世界环境和时代背景中发展起来的，是基于中国传统文化与现代化进程而形成的文化特质，兼容并存了一切先进文化的基因，包括中国革命、中国建设和改革开放。中国共产党在领导中国人民革命、建设和改革中，始终坚持用马克思主义理论做指导，结合中国实际，科学地实现马克思主义中国化；紧密团结依靠广大人民群众，与人民同呼吸共命运；尊重群众的首创精神，尊重群众的主体地位；同时解放思想，实事求是，改革创新和与时俱进，不仅继承和发展了马克思主义，还开辟了中国建设和发展的道路，成为开辟中国道路的思想源泉。党的十八大在建设社会主义核心价值体系的基础上，借鉴和吸收了中华民族优秀传统文化和世界优秀成果，提出了"三个倡导"的社会主义核心价值观。面对新时期思想文化相互交融的新形势，在坚持全面推进社会改革的新时期，积极培育和践行社会主义核心价值观，对引领社会的进步，促进人的全面发展，实现中华民族伟大复兴中国梦，具有深远的现实和历史意义。社会主义核心价值观成为指引全国人民进行思想道德教育和建设的鲜明旗帜。社会主义核心价值观在坚持马克思主义基本理论、方法、观点的基础上，继承和丰富了我国传统的价值观念，凝聚和发展了社会主义核心价值体系。

社会存在决定社会意识，主流意识形态是引导人民前进的精神力量。新中国成立以来，在坚持以马克思主义为指导思想的前提下，结合我国的实际，中国共产党不断创新和发展马克思主义理论。马克思主义理论只有以恰当的形式和途径向人民群众宣传和传播，使其被人民群众真正地理解、接受和认同，并将其内化为人民群众的信仰和价值观，才能用来指导人民群众的日常生活和生产、社会实践。人民群众掌握马克思主义理论是理论掌握人民群众的逻辑前提，马克思主义理论掌握人民群众是使人民群众掌握理论的直接目的，两者共同构成了实践理论的全部内容。如何使人民群众掌握理论，涉及如何向人民群众传播理论的方式、途径和方法等技术层面的问题；而如何使理论掌握人民群众，则关系到理论自身的魅力。要让公众在社会实践中去体会马克思主义理论所带来的好处，把公众和马克思主义理论相联系，让马克思主义理论所蕴含的科学品质和民族风格、时代精神构成当代中国马克思主义大众化的基石。

毛泽东根据中国革命和建设的实践经验总结并发展了马克思主义，他主张要站在民众的立场上去学习和宣传马克思主义，强调把马克思主义变为解决中国人民现实问题的理论武器，并倡导用人民群众所喜爱的形式来表达马克思主义。

邓小平继承了毛泽东思想，并在此基础上成功地将马克思主义同中国的实际相结合。邓小平领导中国人民建设中国特色社会主义以来，不断强调要发展马克思主义，不断告诫人们不能对马克思主义基本原理产生动摇。可以说，邓小平为坚持和发展马克思主义与中国特色社会主义之间的关系所作出的深刻探索，及在此基础上对马克思主义的准确理解，是他既能继承前人，又突破陈规，创立作为马克思主义中国化的重要理论成果——邓小平理论的重要条件之一。从邓小平对待马克思主义既坚持又发展的态度中，我们可以真切地领悟到，中国人民一直在坚持用马克思主义来指导实践，马克思主义与我国的实际情况一直相互联系。

江泽民根据世情、国情和党情变化的时代特点，对新时期中国共产党的建设、社会主义现代化事业的建设等重大问题，进行了深刻的思考和总结，提出了"三个代表"重要思想，为社会主义和谐建设，为中国特色社会主义文化事业的发展积累了宝贵经验和财富。创新是一个民族进步的灵魂，是马克思主义的理论品质。江泽民开拓了马克思主义与中国具体实践相结合的新境界，指出："整个人类的历史，就是一个不断创新、不断进步的过程。没有创新，就没有人类的进步，就没有人类的未来。"[①]"理论创新的源泉在于实践，实践的主题是人民群众。因而，理论创新必须要尊重人民群众的首创精神。"[②]江泽民还非常注重实践对创新的检验作用，指出："我们提出新的观点、新思想时，都要用马克思主义基本理论来衡量一下，并通过实践加以检验，看它们是不是正确，站得住站不住。"[③]

在党的十七大上，胡锦涛提出科学发展观。科学发展观是对马克思列宁主义、毛泽东思想、邓小平理论和"三个代表"重要思想的传承，是与时俱进的科学理论。党的十七大报告提出："新时期最突出的标志是与时俱进。我们党坚持马克思主义的思想路线，不断探索和回答什么是社会主义……等重大理论和实际问题，不断推进马克思主义中国化，坚持并丰富

---

① 中共中央文献研究室编.江泽民论有中国特色社会主义（专题摘编）[M].北京：中央文献出版社，2002：250.

② 黄建军.中国共产党思想领导能力建设研究[M].北京：人民出版社，2019：197.

③ 中共中央政策研究室，中共中央文献研究室编.江泽民论加强和改进执政党建设（专题摘编）[M].北京：中央文献出版社，研究出版社，2004：121.

党的基本理论、基本路线、基本纲领、基本经验。""全党同志要倍加珍惜、长期坚持和不断发展党历经艰辛开创的中国特色社会主义道路和中国特色社会主义理论体系，……使中国特色社会主义道路越走越宽广，让当代中国马克思主义放射出更加灿烂的真理光芒。"①

党的十八大提出，科学发展观是马克思主义关于发展的世界观和方法论的综合体现，开辟了当今中国马克思主义发展的新境界；同时指出，在全国范围内，要全面大力宣传和普及中国特色社会主义理论体系。我们要始终坚持解放思想、实事求是、与时俱进和求真务实，坚持在实践中解放和发展真理，做到具体问题具体分析。我们要培养讲学习、讲政治、讲正气，用正确的科学理论作为指导，为社会主义现代化提供新活力。②

党的十八大以来，以习近平为代表的中国共产党人，坚持推进马克思主义，坚持用科学发展的态度对待马克思主义，并提出了实现中华民族伟大复兴中国梦的重要思想。习近平在哲学社会科学工作座谈会上指出："马克思主义是随着时代、实践和科学发展而不断发展的开放的理论体系，它没有结束真理，而是开辟了通向真理的道路。"③

2. 运用新媒体传播马克思主义理论符合时代发展需要

首先，新媒体的发展离不开马克思主义理论的引领。新时期，国际格局和国际舆论环境的巨大变化要求我们顺应时代潮流的变革。马克思主义是人民群众通过实践检验并总结出来的科学理论，是指导人民群众认识世界和改造世界的武器。新媒体的广泛应用，是社会不断发展进步的产物，任何先进的事物都需要先进的理论来引导，新媒体的发展同样需要马克思主义的引领。新媒体的传播需要把各种利益结合起来，要服从整体、长远和中华民族的利益。马克思主义作为我们党的指导思想，四项基本原则是

---

① 高举中国特色社会主义伟大旗帜　为夺取全面建设小康社会新胜利而奋斗 [N]. 人民日报, 2007-10-16.

② 高举中国特色社会主义伟大旗帜　为夺取全面建设小康社会新胜利而奋斗 [N]. 人民日报, 2007-10-16.

③ 习近平主持召开哲学社会科学工作座谈会强调: 结合中国特色社会主义伟大实践　加快构建中国特色哲学社会科学 [N]. 人民日报, 2016-05-18.

立国之本，是党和国家存在发展的政治基石。所以，我们始终要坚持马克思主义的指导，要用马克思主义来引导新媒体发展，用马克思主义来促进新媒体的发展。

全球化时代，我国已经进入高速发展时期，新媒体更是以一种不可阻挡和不可逆转的形式随着历史潮流向前发展。我们目前正在进行中国特色新型信息化、工业化、城镇化和农业化的"四化"建设，所以新媒体在"四化"进程中，在实现"四个全面"和构建社会主义和谐社会、全面建成小康社会中占据着举足轻重的地位。马克思主义作为中国共产党的指导思想，是我们的行动指南。党要保证国家的方向、道路朝着正确的方向发展，所以需要通过新媒体来传播优秀的、先进的理论知识。但是，由于新媒体具有交互性、便捷性、碎片性等特点，它本身没有性质之分，所以在传播的时候会存在一些问题，既可以被资本主义利用，也可以为社会主义所运用；既可以被我们这些对社会发展有利的、推动社会历史发展的人民所运用，也可以被那些反华势力和敌对势力所利用，被一些不利于中华民族伟大复兴的错误思想和思潮所利用。我们要在顺应时代发展的同时，保证新媒体被一个正确的理论指导，而这一正确的理论就是马克思主义理论，所以说新媒体的发展离不开马克思主义理论的指导。我们用马克思主义理论成果来指导新媒体，不仅实现了马克思主义的大众化，还实现了马克思主义理论的教育和舆论导向功能，实现了用正确的价值观指导人民群众的实践活动，更好地预防和抵制新媒体所带来的挑战，全面促进社会的和谐发展。

其次，马克思主义理论的传播需要借助新媒体来推动。互联网的出现，优化了信息交流方式，加快了信息传播的速度，提高了信息应用能力，给社会和个人生活带来了翻天覆地的变化。新媒体作为互联网中异军突起的新生力量，凭借着强大的传播功能和独特的传播特征，在信息时代大放异彩，有力地刺激了社会和个人生活的发展。新媒体的发展，为推动马克思主义理论传播奠定了丰厚的物质基础，进一步坚定了人民群众对中国特色社会主义理论的信心，为人民群众学习、发展马克思主义理论提供了新的思想动力。由于新媒体在我国尚未成熟，在发展的过程中可能存在这样或那样的问题，但是总的发展趋势不会改变。

新媒体的自主性和平等性特点，给公众提供了自由的空间，可以自主地选择信息传播或分享。当前，我国正处于社会主义初级阶段，在此期间，新媒体承载信息的特点，使新媒体更加容易融入公众的生活之中，影响着公众的价值观。新媒体自身所带来的信息多样化，使公众拥有了更多的思想资源，各种不良思潮瞬间涌起，也渗透到了社会公共生活之中。公众对道德价值观的认知参差不齐以及不同文化间的碰撞对公众的价值判断提出了更高的要求，在新媒体平台上不可避免地会出现负面的情绪和消息，影响了公众对主流价值观的认同。这需要起主导作用的思想，即马克思主义来主导和占据核心地位，把马克思主义作为民众的精神支柱。不同的价值观在新媒体这一平台上交汇，不同的思想观点通过新媒体这一平台交锋，让人民群众更好地认识、理解马克思主义理论的价值。历史上，马克思主义理论能够被中国人民选择，并成功地指导了社会主义建设和改革开放的伟大实践，这足以证明马克思主义是适合中国发展的。新媒体提供了开放的马克思主义理论传播平台，所具有的平民化特点从客观上和主观上要求马克思主义理论传播的形式和内容通俗化。通过这一平台，增强了马克思主义理论传播的针对性，已有的马克思主义理论宣传阵地得到了拓展。新媒体时代的信息传播覆盖面积大、信息传播速度快等优势，让马克思主义的最新理论成果和国家的大政方针政策在第一时间得到传递，第一时间得到宣传，让公众第一时间了解和掌握并运用，第一时间让公众感受到社会主义制度的优越性，提高了马克思主义理论传播的效果，促使人民群众正确区分和对待真理与谬误。这不仅为中国特色社会主义理论的发展提供了新的研究课题，还保持了马克思主义鲜活的生命力，让马克思主义更加贴近民众，更加贴近民生，用通俗易懂的生活实例解读马克思主义，为马克思主义理论传播营造了良好的社会环境。

新媒体作为一种新兴的传播媒介，我们不能摆脱也不能逃避。马克思主义理论非常重要，我们需要传播。我们现在用教材、课程去传播，随着新技术的发展，我们需要用最新的科技去传播最新的科学理论，把工具和理论相结合起来，这就需要我们选择一种最科学的、最便捷的、最迅速的、最普遍的、最全面的一种传播工具——新媒体。总之，新媒思主义两者之间是辩证统一的关系，新媒体这一传播平台为马克思主义提供了先进的传播渠道，促进了自身的发展。新媒体的运用和发展需要马克思主义的引领，需要马克思主义理论的推动。两者既不可偏废，又不能相互替代。新媒体和马克思主义理论以其各自的地位和作用推动着马克思主义理论的传播，在相互促进的过程中都是服务于中国的改革和发展，为建设中国特色社会主义作贡献。我们要充分发挥新媒体的优势，趋利避害，灵活运用新媒体，使其适应时代发展和人们的生活方式，使马克思主义潜移默化地融入人们的日常生活之中，更好地推进马克思主义理论的中国化发展。

（二）新媒体时代马克思主义理论传播的重要意义

新媒体本身没有价值属性，但是，新媒体可以被纳入意识形态之中。当代马克思主义理论传播亟须创新手段，丰富形式，提高传播效果。要实现以上目标，必须有效地利用新媒体，将马克思主义理论传播提升到新的层面。新媒体时代，在历史助推之下，马克思主义理论传播获得了新发展，彰显出新的特点：主客体之间的交互关系发生了重组，抽象理论和经典文本逐渐通过新的媒体形式实现大众化等，这些都可能影响中国特色社会主义的推进以及马克思主义主流价值观的引导，从而使之成为重大的时代课题。

1. 有助于发展和创新马克思主义理论

新媒体时代，推动马克思主义大众化是发展和创新马克思主义理论本身的需要。首先，马克思主义作为一种外来文化，具有抽象性和深刻性。必须通过不断的理论宣传和推广，才能使其与本土文化很好地结合，最终实现马克思主义理论与国家、人民的完全融合。

当前新媒体在我国飞速发展，这为推进马克思主义理论传播提供了便利的条件。同时，对于中国现阶段发展来说，马克思主义理论有着时代的局限性，需要在实践中不断地推陈出新、发展和丰富。在当前中国社会中，受一些外来思潮影响，一部分人对马克思主义的理解出现了歪曲和误读。大力推进马克思主义理论传播，既是解决人民群众疑问和误读的良计，也是发展和创新马克思主义理论本身的需要。新媒体的发展，打破了信息传播过程中语言、地域、时间的诸多限制，这对于传播马克思主义理论极其有利。改革开放以来，马克思主义中国化进程在不断加快，产生了中国特色社会主义理论体系。中国共产党对马克思主义不断实践、不断大众化的过程，形成了大量具有中国特色的理论成果。马克思主义理论必须经过一个通俗化的传播过程，对理论的实践性加以补充，才能为民众普遍理解和接受。此外，马克思主义理论必须通过具体化、通俗化，才能彰显出马克思主义理论的实践性、发展性，才能保持马克思主义的生命力。

马克思主义理论中国化、时代化、大众化的过程就是把马克思主义理论从深奥、抽象发展为通俗、具体，能被民众理解并运用到生产生活中去。党的十七大报告指出，大力推进理论创新，不断赋予当代中国马克思主义鲜明的实践特色、民族特色、时代特色。所以，依托新媒体开展马克思主义理论传播，是马克思主义中国化、时代化、大众化持续发展的不竭动力，让广大群众更好地理解马克思主义，更好地利用马克思主义进行社会主义建设。

2.有助于巩固和加强马克思主义主导意识形态

中国作为一个社会主义国家，国家性质决定了马克思主义在中国的意识形态领域处于主导地位。中国特色社会主义理论体系作为马克思主义中国化的最新理论成果，是中国共产党运用马克思主义进行社会主义实践而产生的。在当前，坚持中国特色社会主义理论体系在我国经济社会发展中的主导性，就是坚持马克思主义在意识形态领域的主导地位。新媒体时代，由于新媒体具有开放性、虚拟性的特点，使得现阶段社会中各种思想文化、意识形态都可以自由传播，这直接导致了人民群众可以接触到更多的思想文化，价值取向也趋于多样化。在这样一个信息传播迅速、意识形态交流、交融、交锋的多元化社会中，想要保持马克思主义在我国经济社会发展中的指导地位，统一人民思想，加强人民群众对马克思主义的自信心，我们就必须大力加强马克思主义理论传播，以新媒体作为传播的重要媒介，适应互联网信息化发展趋势，有效地把新媒体、马克思主义理论与中国特色社会主义相结合，提高马克思主义理论在新媒体中的传播地位，占领意识形态高地。

马克思指出："理论在一个国家实现的程度，总是决定于理论满足这个国家需要的程度。"[①]意识形态作为一个国家社会思想的共同反映，是这个国家思想文化在精神层面的重要支撑。新媒体传播速度快，受众群体广，依托新媒体传播马克思主义理论，使马克思主义理论在中国社会越来越被民众普遍掌握，有助于巩固和加强马克思主义理论和中国特色社会主义理论在意识形态领域的主导地位。

3.有助于创新和丰富马克思主义大众传播载体

对于当前中国来说，马克思主义理论传播的主要内容就是向人民群众宣传和普及中国特色社会主义理论，而在现阶段互联网信息传播大力发展的背景下，马克思主义理论的传播方式也要进行创新和发展。马克思主义理论传播的根本目的，是提高人民群众认识世界、改造世界的能力，提升人民群众学习马克思主义理论的积极性，发挥自己的自主实践性来建设中国特色社会主义。

新媒体的发展，使得人们摆脱了以往接收信息的方式，互动性、自主性大大加强，这是传统媒体无法比拟的。互联网构建的新媒体传播平台，使人民群众的自主意识得到了加强，对信息的接收由以往的被动变为主动，这对马克思主义理论的传统教育模式造成了一定的影响。当代中国马克思主义理论传播必须依托新媒体，并利用新媒体传播模式的交互性特点，把大众对马克思主义理论内容和形式的反映作为发展方向，创新传播方法，使普通民众可以真正地掌握马克思主义理论，并将其应用于社会实践。

推进马克思主义理论传播，其中的重要环节就是提升中国特色社会主义理论的大众普及度。作为新兴媒体，新媒体传播范围极广，受众群体庞大，由于其具有信息传播迅速、交互性极强等特点，在推进马克思主义理论传播时，可以把国家政治性、文件性的语言转换为日常性、大众性的

---

① 马克思恩格斯选集（第一卷）[M].北京：人民出版社，1995：11.

语言；还可以采用百姓喜闻乐见的形式进行传播，利用互联网传播的多样化特征，把马克思主义理论由深奥向通俗转化，使理论更易于被普通群众接受并加以应用。马克思主义理论在中国的发展，离不开新媒体的支撑，不论是理论建设还是实践运用，都是现阶段马克思主义理论传播的关键举措。所以，我们必须把握新媒体的发展脉搏，使其成为马克思主义理论传播的重要载体，建立新的马克思主义理论传播系统。推动马克思主义理论传播，尤其在当下新媒体飞速发展的背景下，与时俱进，彰显时代性特征，有助于增强中国特色社会主义理论的影响力。

4. 有助于马克思主义理论的进一步具体化、通俗化、实践化

马克思主义作为一个完整的理论体系，其内容涉及广泛，具有严密的逻辑性和高度的概括性。在新媒体时代，推进马克思主义理论传播，应运用最新的科技手段、传播载体推进马克思主义理论发展，以人民群众易于接受的方式对普通民众进行马克思主义理论宣传，让群众认可并加以应用；应采用通俗易懂的语言来表述最新研究成果，将马克思主义理论具体化、通俗化，便于人民群众理解和在实践中应用。

新媒体为推动马克思主义理论的实践化提供了途径。在马克思主义诞生之前，实践概念还不具有独立意义，它往往和经验、操作等概念相混淆。在马克思主义话语体系中，实践被赋予了全新的革命性含义。马克思主义起源于社会实践，发展于实践，未来还将会依托于实践，并进一步完善和突破自我。可以说，实践在马克思主义体系内具有近似本体的意味，是整个马克思主义的"拱顶石"。正如马克思所言："理论只要说服人，就能掌握群众；而理论只要彻底，就能说服人。所谓彻底，就是抓住事物的根本。"[①]"关于真理标准问题的讨论"使实践的地位在中国更是被提升到了国家原则的层面。在当代学界，有人呼吁"回到马克思"，这与实践性确实紧密相连。一方面，有的学者将马克思主义作为独立实体进行研究，却忽视其唯有在实践中才能进行诠释的根本要求，陷入了文本的咬文嚼字之中；另一方面，也更为重要的是，有些学者认识到前人的不足以及

---

① 马克思恩格斯选集（第一卷）[M].北京：人民出版社，1972：9.

具体国家政策的制定和贯彻并未完全反映当下的社会现实，所以他们也提出"回到马克思"等类似的诉求，让马克思主义理论者、共产党人重拾实践性的旨归。新媒体的出现，以其开放性和草根性，为马克思主义者接触更广泛的社会实践，倾听人民群众的声音，汲取人民群众的智慧，提供了切实有效的途径。更直接的是，通过新媒体进行马克思主义大众传播，本身就是一种最切实的实践。马克思创办《莱茵报》，列宁的演讲和他在《真理报》担任编辑的经历，以及长征在中国播撒革命火种、进行革命宣传等，都是马克思主义体系成长和丰富的过程。马克思主义理论传播本身就是一个伟大而深刻的实践，而新媒体因其形式多样、传播迅速和良好的互动性，能让这种实践更加深入、更加多样化。

四、新媒体时代马克思主义理论传播面临的机遇与挑战

新媒体作为信息传播的新兴载体，可以成为人们迅速便捷地获得马克思主义最新理论成果的一个重要途径。现阶段的新媒体成为各种不同意识形态斗争的前沿阵地，我们只要牢牢把握住新媒体的话语权，争取新媒体的主动权，就可为马克思主义理论传播带来新的机遇。"对一个传统社会的稳定来说，构成主要威胁的，并非来自外国军队和坦克的进攻，而是来自外国观念的侵入，印刷品比军队和坦克推进的速度更快，更深入。"①在新媒体时代，马克思主义理论可以通过崭新的形式进行有效传播，释放出传统媒体难以实现和匹敌的巨大精神能量，开创我国主流意识形态传播的新境界和新天地。新媒体又是一把"双刃剑"，在给马克思主义理论传播带来新机遇的同时，还带来了巨大的挑战。新媒体的普及和发展并未成

---

① [美]塞缪尔·P.亨廷顿.变化社会中的政治秩序[M].王冠华,等,译.北京:生活·读书·新知三联书店,1989:141.

为意识形态普世性的场域，而是各种意识形态斗争的新载体和新阵地。西方发达国家凭借技术优势在互联网中推行文化霸权主义，同时也对马克思主义理论的传播主体、传播媒介、信息资源等方面的建设带来众多新的挑战，增加了我们维护马克思主义话语权和我国意识形态安全的艰巨性。

（一）新媒体时代推进马克思主义理论传播的机遇

1. 新媒体提升了马克思主义理论传播者的主体性

在新媒体传播系统中，一方面，在特定条件下传播主体和受众的角色是有区分的，另一方面，传播主体和受众的角色定位又是相对模糊的。新媒体空间的自由开放，使传播主体和受众在信息传播方面完全可以实现角色互换，受众在接收信息的同时也可以成为信息的再传播者，传播主体在传播信息的同时也可以成为同一信息的受众。信息传播的主体性不仅有利于提升传播者的信息传播能力和创新能力，同时可以提升传播者的自主意识。

（1）有利于传播主体的全面发展

在传统的传播环境中，受众被动和消极地接收信息。而在新媒体中，受众可以自由地选择和接收信息，而且可以根据自己的兴趣评价信息，这既能激发受众的主体性，也能培育受众的创造性和社会性。以新媒体为载体的传播实现了人机一体化的传播模式，在这个全新的传播模式中，人从过去的被动客体中解放出来，自身对信息的敏感性、辨识能力、驾驭能力等都得到了充分锻炼和提升，各种潜能的有效挖掘提高了其作为主体的传播能力，这种传播能力可以成为助推马克思主义理论传播的内动力。与此同时，新媒体的开放性、交互性和虚拟性等特点客观上要求传播主体和受众都应该不断提升自身的社会责任意识和自律意识，能够在海量信息中不迷失方向，能够充分利用新媒体的资源优势进行自我教育和自我提升，真正践行好传播主体和传播受众的双重社会角色，变传统的马克思主义理论单向传播为双向或者多向传播，在提升马克思主义理论传播力的同时，也增强自身主体性的全面发展。

（2）有利于激发传播主体的创新能力

传统媒体对马克思主义理论的传播受历史文化传统、传播载体的容量和表现形式、传播路径等诸多因素的限制，使传播主体的创造性思维和创新能力不能够全面发展。而新媒体的传播方式，不仅打破了传播者和受众之间的界限，使他们能够冲破传统定位和传统思维方式的限制，有利于开发他们的创新性和前瞻性思维，而且使信息的表达方式更加灵活、自由和多元化，为传播者自由发挥其创造力提供了广阔的空间和可能。新媒体想要提高信息对受众的吸引力，就必须打破以往传播模式的限制，更加开放包容，不断提升信息传播者的判断、分析和表达能力。

2. 新媒体能为马克思主义理论传播者提供丰富的信息资源

新媒体时代，现代信息传播技术为马克思主义理论的传播提供了新的时空境遇，可以实现从平面传播向立体传播、从静态传播向动态传播转化，使马克思主义理论的政治性、科学性和价值性可以通过图、文、音频、视频等多种表现形式去诠释和呈现。

新媒体极大地扩充了马克思主义理论传播的信息量。在新媒体时代，任何文化信息都可以自由地进入网络世界中，马克思主义理论同样可以进入网络中，并且可以将其理论内容的思想性和方法论意义附着于网络文化中，在不同传播者之间形成传播链。马克思主义的信息资源总量在传播中不仅不会减少，反而由于传播过程中的信息叠加而生成和增加新的信息。不仅如此，当马克思主义理论内容渗透于各种网络文化产品时，消费这些文化产品的过程又将使信息的总量获得新的增长点。

在新媒体时代，广大人民群众学习和研读马克思主义经典著作、党的路线方针政策、各种统计资料、重大事件以及评论，都可以在新媒体平台上迅速、便捷地实现。内容丰富的海量信息为马克思主义理论传播提供了一个庞大的信息资源库，如现在运行的各种马克思主义研究网、马克思主义学习网以及各大门户网站的马克思主义理论专栏等，凭借丰富的内容、较快的更新速度使马克思主义理论传播的内容量得以不断增加。新媒体技术实现了传播内容大而全、传播速度快、信息成本低廉且便于检索和复制，因此以新媒体为载体的马克思主义理论传播具有更大的感染力和吸引力。

新媒体在信息表达上具有先天的优势，其传播方式立体全面，不仅为马克思主义大众化传播提供了同质性的文化信息资源，而且提供了异质性的文化信息资源。在马克思主义理论的传播中，我们要综合各类信息资源的优劣，去其糟粕、取其精华，通过比较分析增强马克思主义理论的传播力，阻止和破解那些对大众有不利影响的信息传播。通过对异质文化的解读，不仅可以更加有效地传播马克思主义理论，而且可以提升马克思主义理论的吸引力、批判力和影响力。对马克思主义理论本身而言，马克思主义理论的传播过程就是对马克思主义理论检验和发展的过程，也是一个对马克思主义理论不断丰富和创新的过程。

从信息传播的范围来看，新媒体可以极大地扩展马克思主义理论的传播范围。新媒体时代，马克思主义理论传播打破了地域和时空的限制。新媒体的飞速发展将西方资本主义国家的意识形态壁垒逐步被打破，马克思主义理论传播的范围可辐射世界的每一个角落。中国可利用新媒体向全世界宣传当代马克思主义，同时可以利用新媒体了解其他国家，知己知彼，可以使大众在了解中国的同时了解世界，在比较中增强对马克思主义指导思想的信任和信心，增强民族自豪感和凝聚力，增强我国的意识形态安全。

新媒体时代，马克思主义理论的传播将更加迅速广泛，可以创设一种轻松、愉悦、自由、便捷的信息传播环境，使马克思主义理论更具亲和力和吸引力，被更多的人民群众所理解和接受。

3. 新媒体为马克思主义理论传播提供了新载体

在新媒体时代，各种传播平台是马克思主义理论传播的重要手段和媒介。

传统的马克思主义理论传播主要依靠报纸、杂志、广播、电视等进行传播，这些媒介形式对马克思主义理论所进行的传播在一定范围内是有效的，但是都有时空局限性，严重制约着马克思主义理论的传播效果和传播范围。比如，报纸和杂志由于自身受编辑、印刷、发行周期等环节的限制，严重影响着信息的传播速度，致使马克思主义理论传播只能局限于报刊的订阅者范围内，无法传播给更多的受众，这就影响了传播的时效性和传播范围。另外，传统媒体对信息传播的单向性，使传播主体无法实现与受众的有效交流和互动，受众与传播者的割裂影响了马克思主义理论传播的时效性。传统媒体在马克思主义理论传播过程中遇到的种种问题，在新媒体时代，都可以得到有效的解决。传播者通过开通马克思主义理论学习网站、论坛、微信公众号、微博等多种传播平台，使传播者和受众之间能够实现零距离接触和交流，在虚拟平台或者论坛上利用文字、图片、视频等多种信息表达方式进行理论传播，学习氛围宽松、学习方式灵活、学习的自由度更大，这些都极大地提高了马克思主义理论传播的时效性和针对性。

在新媒体时代，一方面，传播者能够及时了解和掌握各种受众群体的信息，并根据受众的反馈信息及时调整传播内容，最大限度地改进传播效果；另一方面，传播者和受众者之间、受众和受众之间的有效互动能够极大地激发受众在马克思主义理论传播过程中的自觉性和积极性。新媒体对传播效果的改变和传播力的提升是传统媒体无法比拟的，充分利用好新媒体的传播功能既是对传统媒体传播局限的补充，也是马克思主义理论传播适应时代发展的必然选择。

（二）新媒体时代推进马克思主义理论传播的挑战

1. 传播主体建设面临的挑战

马克思主义理论的传播主体既是信息传播的采集者、加工者和开发者，也是反馈信息的回收者和处理者，在马克思主义理论传播过程中处于主导地位。具体来说，我国马克思主义理论的传播主体包括中国共产党的各级宣传部门、教育系统的教师和科研机构的理论研究者、专业媒体的编创人员以及所有以个体形式存在的马克思主义者。其中宣传系统和专业媒体的编创人员是马克思主义理论传播的核心主体，教育系统从事思想政治教育工作的老师是关键主体。如何构建马克思主义主体理论，如何整合包括党、政、教、宣、研在内的各种传播主体，形成符合时代需求的"大传播主体"，形成强大的传播活力，这是马克思主义传播主体理论研究面临的巨大任务。新媒体的繁荣发展不仅给这三大主体的传播活动带来了巨大挑战，也在客观上要求加强三大主体的融合，形成马克思主义理论传播的主体合力，共同迎接和应对新媒体带来的挑战。

中国共产党在马克思主义理论传播中的核心地位是由党的性质、地位和历史任务共同确立的，推进马克思主义理论传播是中国共产党思想理论建设的主题。在新媒体时代，不仅要进一步突出和加强中国共产党的组织核心和领导地位，还必须加强党的宣传思想工作的信息化建设，建立覆盖范围广，传播渠道畅通，运转高效的一体化网络传播体系。负责宣传思想工作的领导干部要努力提升自身的政治素养和传播能力，不仅自身对马克思主义理论要学好、学精，而且要学习网络传播技术，既要做理论专家和技术专家，又要做马克思主义理论的传播专家，这是新媒体时代对从事宣传思想工作的每一个党员干部提出的新要求。党的各级组织还要加快推进自身信息化建设步伐，充分利用各种新媒体提高宣传思想工作的时效性；与此同时，还要组织建设既通晓马克思主义理论，又能够熟练运用现代互联网技术的专家队伍，只有这样，才能适应时代要求。

高校在马克思主义理论传播过程中，一直都处于关键地位，担负着理论研究和培育青年学生树立马克思主义世界观、人生观、价值观的双重任务，对于维护和加强国家意识形态安全担负着特殊的使命。高校也是互联网也是最为普及的地方，所以高校应该利用这一优势，充分发挥高校的传播技术和理论知识优势，在向青年学生传播马克思主义的同时，走出校门，助推整个社会形成符合新媒体时代发展需要的现代化传播队伍体系，为马克思主义理论传播提供人力资源方面的保障。为此，高校教师要尽快提高自身的信息素质和服务意识，要树立正确的信息观，充分发挥自身的智力优势，努力培育识别、选择、加工、转化和创新传播信息的能力，使自己在传播马克思主义理论的过程中不断提高，成为马克思主义理论传播的主力军。

在马克思主义理论传播中，个体马克思主义者也是一股不可忽视的力量，他们可以在各种传播载体无法覆盖或那些无视媒体载体存在的地方传播马克思主义，对于推进马克思主义理论传播具有不可替代的重要作用。这是一个特殊群体，在马克思主义理论传播的过程中弥补了党组织和政府传播能力的不足。在当前阶段，这个群体同样在推进马克思主义理论传播过程中面临着新的挑战：其一，他们不仅要深入基层和生产第一线，深入传播媒体无法覆盖的地方，把党的路线方针政策、马克思主义的理论观点和本地区的生产生活实际结合起来进行传播，而且要结合基层网络文化发展的实际，引导和推动互联网资源的普及和利用；其二，党的优秀干部也要深入基层和生产第一线，身体力行地传播马克思主义，既要全面提高自己的实践能力和理论传播能力，又要担负起维护和构建我国意识形态安全的重要任务，要善于及时掌握来自基层的舆情变化，为党和国家制定政策提供参考；其三，曾经是马克思主义传播中坚力量的离退休人员要积极学习和利用新媒体，力所能及地发挥余热，在马克思主义理论传播的过程中发挥更好的传、帮、带作用，为青年一代的成长和进步树立榜样。

互联网的发展和普及使人们的时空距离变得越来越近，同时也使人与人之间心的距离越来越远。如何把众多传播主体有效地整合起来，构建"大传播体系"，节约传播成本和提高传播效率，拉近与信息接收者的距离，这是新媒体时代传播主体面临的巨大挑战，不仅要在技术上实现突破，而且要在思想观念和管理体制上进行创新。只有各个传播主体实现有效的整合、优势互补，才能全面开创马克思主义理论传播的新局面。

2. 传播信息建设面临的挑战

传统的马克思主义理论传播过程是在相对闭塞的环境下进行的，信息量有限。新媒体的兴起虽然创造了一个开放的信息空间，但同时也要看到新媒体信息资源建设中存在的突出问题。

一些道德败坏和别有用心的人利用新媒体大肆宣扬色情、暴力、种族主义、民族歧视、封建迷信、反动言论等，这些信息无时无刻不在侵蚀着受众群体。新媒体的不良信息对青少年造成的负面影响尤其严重，甚至会诱使他们走上犯罪的道路。一些学者指出：网络受众的低学历化可能会扭曲马克思主义理论的舆论导向。①如何在传播马克思主义理论的同时阻止这些不健康信息的传播，这是优化网络信息资源环境所面临的现实问题。

---

① 参见程国庆, 吴锦程. 网络背景下马克思主义大众化途径探索 [J]. 政治研究, 2012 (07)：32-34.

一些西方资本主义国家利用新媒体对我国进行意识文化输出，对我国人民群众的价值观树立形成干扰，如何及时消除各种反动思潮和消极思想的影响，这是新媒体信息安全建设必须解决的迫切问题。还有，如何根据不断发展的新媒体带来的新问题、新情况，及时调整和充实马克思主义理论传播内容，改变马克思主义理论传播相对滞后的状况，这是新媒体信息资源建设必须解决的重要问题。此外，我国由于在经济发展过程中的不均衡，导致城乡信息化程度有较大差距，如何缩小地区信息化发展差距，促进各地区信息资源的均衡发展，这是新媒体时代信息资源建设必须解决的突出问题。

（1）我国互联网信息技术带来的挑战

从全球范围来看，我国的互联网发展一直处于不利的地位。主要原因是互联网由美国发明，管理权力掌握在美国手中：全球有13个DNS根服务器系统，10个在美国，2个在西欧，1个在日本。不管是软件技术还是硬件技术上，我国都一直处于不利地位；在当前互联网上，90%的互联网信息都是通过英语来传播的。因此，我国的互联网文化发展一直都受制于人。一些西方资本主义国家利用互联网技术优势，向我国大量输出西方国家的价值观，散布一些谣言、煽风点火、无中生有、扰乱人心，对马克思主义理论传播造成了极坏的影响。国内一些别有用心之人，在互联网上大肆宣传各种反动言论，如认为公有制应该废除，土地实行私有化，实行西方民主等，意图实现西方国家"和平演变"的阴谋。这些言论在互联网上的传播，弱化了马克思主义理论传播的影响力，危及我国的互联网文化主权。要想消除这些反动信息的传播，在互联网上唱响当代中国马克思主义的主旋律，维护我国互联网文化主权，其中一个关键问题就是要拥有自己的互联网核心技术，在这方面我们面临着巨大的挑战。

（2）马克思主义理论信息化建设带来的挑战

在当前的中国社会，互联网已经成为基础设施建设的重要组成部分，各个领域、各个区域、各个群体无时无刻不在接收来自互联网的信息；互联网信息的集成化形成强大的传播能量，使得媒体传播的范围大大拓宽。互联网丰富的信息资源库成为各种服务的基础支撑，扩充着人类文化信息传播的资源总量；互联网信息的发出者和使用者共同参与信息的传播和创造；信息产业的产业链条不断延伸，推动着信息生产和传播模式的变革；物质形态的文化逐步被赋予信息表述能力并参与到人与人之间的信息交换中。人类文化信息的生产、传播和消费发生了前所未有的重大变革，文化信息生产总量与日俱增，文化信息传播障碍日渐消除，文化信息消费频率日益增快，可以说人类文化正在经历着一场重大而深刻的变革。当前，互联网的建设和发展已经成为我国提升综合国力的重要一环，在大力加强互联网基础建设的同时，党中央从国家战略和思维模式改变的视角提出了"互联网+"的发展理念，充分发挥互联网对各行各业和各个领域的革命性变革。对于新媒体时代的马克思主义理论传播而言，信息资源建设是一个十分紧迫的时代任务，推进马克思主义重大理论成果的数字化将是一项巨大的挑战。

3. 新媒体传播模式构建面临的挑战

模式在一般意义上来讲就是"某种事物的标准样式或使人可以照着做的样式"①。在传播学层面来说，模式就是再现现实的一种理论性的简化形式，对现实具有一定的指导示范意义。对于一个完整的模式来讲，科学的理念、简约的结构和操作路径是三个不可或缺的要素：科学的理念是构建模式的指导性原则，简约的结构是模式的理论表现形式，操作路径是模式作用于现实的途径，三者共同构成一个统一的模式。一种新模式取代一种旧模式的过程就是这三个基本方面整体性的变化。新媒体对我国马克思主义理论传播模式的影响也可以据此进行分析。

传统的马克思主义理论传播的基本原则是灌输，在现实世界中具有一定的合理性。而在新媒体时代，这种理念将遭遇到新的挑战。因为马克思主义理论的灌输理念与新媒体传播的自主性理念之间出现了矛盾。大众获取信息的方式更加多元化，获取信息的习惯也由被动接收转变为主动参与。要解决这一现实矛盾，就必须创新和调整传播理念，树立起适应时代发展的共创型理念——要充分尊重受众的兴趣和行为特点，对传播内容既

---

① 中国社科院语言研究所编. 现代汉语字典 [M]. 北京: 商务印书馆, 1991: 791.

要选择现实指导性强的理论内容，又要关注接收主体的群体性特征；要注重传播者和受众的对等交流和信息互通，使理论的传播在以交流、沟通、平等和互动为基础的共创共享型传播理念指导下进行。

在新媒体时代，社会交往中的各个主体之间在人格上都是独立的，在地位上也是平等的。马克思主义理论传播在新媒体时代的传播模式应该遵循这一原则。社会交往过程中出现的问题、矛盾，应该通过主体之间的平等对话来解决，任何一方都不能对另一方的思想和行为进行强制性改变。我们在构建新媒体时代的马克思主义理论传播模式时，必须遵循平等共享的理念，摒弃传统教育的灌输理念，这是极其重要的一环。

传统的马克思主义理论教育大多以开会、报告、念文件、记笔记等灌输模式为主，单向性明显，在这种模式下，受众会产生应付了事的心态。这种违背了马克思主义内化外化规律的教育模式，使得受众在接受马克思主义理论的过程中难以做到全面发展，理论教育起不到应有的作用。

新媒体时代马克思主义理论传播要走制度化、规范化和法制化的道路，这是优化新媒体时代传播环境和实现传播目标的一条必经之路。就传播模式的结构要素来讲，要统筹各项基本要素，协调各种要素之间的关系，把马克思主义信仰建立在系统科学的基础上，渗透于真实的感情交流活动中，根植于坚强而持久的意志涵养中，落实于具体生动的社会实践中，形成以思想性统领知识性、以知识性支撑思想性、以人文性统摄技术性的传播结构，建立符合中国化、时代化、大众化本质需求和新媒体运行逻辑的传播模式。

新媒体传播以个性化、主体化、互动性和民主性为特征，而灌输教育重单向而轻互动、重群体而轻个体、重被动而轻主动，二者是背道而驰的。随着新媒体的不断发展，社会成员会更加注重自身的主体性和个性化民主的实现，强调个人意志和个人观点的表达，这种思想观念的改变对传统马克思主义理论教育提出了挑战。所以，在新媒体时代，马克思主义理论传播模式的路径选择，必须遵循新媒体的特点，在构建和操作方法上实现新的突破，开发出一套民主、平等、互动的传播模式，这是新媒体时代马克思主义理论发展的一大挑战，同时也是必然选择。

4. 传播客体变化带来的挑战

马克思主义最早诞生于欧洲，从20世纪20年代起开始在我国传播直到今天。在传播过程中，理论传播的客体也在不断地发生变化。在俄国十月革命和五四运动之后，我国掀起了新文化运动，这一时期马克思主义以多种形式在我国迅速传播，而传播的客体则是进步的知识分子和青年学生。之后，马克思主义开始和工农群众运动相结合。到了国内革命战争和抗日战争时期，因为国内形势发生变化，马克思主义理论传播的受众范围进一步扩大。新中国成立以后，马克思主义得到了全面的发展，这一时期理论传播的对象为全国范围内的工人、农民和知识分子。改革开放以来，马克思主义理论传播的范围又进一步扩大，知识分子成为其中的中坚力量。

在新媒体时代，新媒体的使用者就成了马克思主义理论传播的受众。新媒体的使用者与传统马克思主义理论传播的受众，有着明显的区别，这也对当代马克思主义理论传播提出了新的要求和挑战。新媒体传播的对象一般以青少年为主体，也有为数不少的中老年人，其覆盖面极为广阔，涉及了社会成员的各个层面。在互联网这个虚拟世界中，不同职业、不同背景的人都可以参与到活动中来，自由地发表自己的观点和评论。同时，新媒体的使用者又是多元化、多层次的。从受教育程度来看，由于新媒体的使用门槛极低，所以使用者涉及多个文化层次的人群，且互联网的发展使得中国网民正继续向低学历人群扩散，新媒体的使用年龄结构也越来越趋于多元化。从职业层次来看，高校的师生是新媒体的主力军，这同时也反映出了当前我国网民文化水平比较高。从年龄结构上来看，虽然当前青少年所占比重比较大，但是网民的年龄结构还是趋于成熟化。从这些不同层面的分析可以看出，由于新媒体受众群体的不断变化，这也使得新媒体时代的马克思主义理论传播面临一定困难。

总而言之，新媒体时代要想推进马克思主义理论传播，挑战无处不在。我们要正确认识挑战，化挑战为动力，把挑战作为马克思主义理论传播的助力器和加速剂，切实利用好新媒体的优越性，更好更快地完成推进马克思主义中国化、时代化、大众化的历史使命。

第二章

新媒体时代马克思主义理论传播的理论基础与现实依据

　　理论是实践的基础，实践活动进一步发展需要用不断发展的理论作用于相应的实践活动，为了能够更好地指导实践，必须掌握相关的理论基础。我们必须明确新媒体时代马克思主义理论传播的理论基础与现实依据，才能深入剖析新媒体时代马克思主义理论传播的现状，探寻存在的问题及成因，提出对策。这些理论是本书研究的理论基础，只有掌握好这些理论，才能更好地传播马克思主义理论，推进马克思主义的中国化、时代化、大众化。

　　新时代的马克思主义理论传播，其涉及的领域和范围较广，属于跨学科的研究，包括哲学、政治学、社会学、新闻学、心理学等，其中最主要的理论支撑是马克思主义相关理论、传播学相关理论。除了理论支撑以外，新媒体时代马克思主义理论传播还有现实依据，包括中国特色社会主义伟大历史实践、党的建设需要、中华民族伟大复兴中国梦的实现。

一、理论基础

（一）马克思主义相关理论

1. 马克思主义的媒体观

马克思主义的媒体观作为马克思主义理论体系的重要组成部分，是马克思主义关于无产阶级及无产阶级政党的媒体传播的性质、原则和规律的基本观点，是辩证唯物主义和历史唯物主义在传播领域的体现。马克思主义的媒体观是马克思、恩格斯在特定历史条件下，在主持《新莱茵报》等传播实践中，运用他们个人才智、眼光和预见力，并结合了他们所代表的现代工人阶级智慧的基础上形成的。马克思主义媒体观集中体现在马克思主义交往观、新闻自由观、无产阶级党报思想和大众传媒观之中，它间接影响了崛起于20世纪美国的现代传播学，是现代传播学早期发展的重要环节。①马克思主义媒体观的主要理论观点可以概括为"喉舌"论、党性论、群众论、导向论和环境论等②。

（1）"喉舌"论

"喉舌"论是马克思主义对于媒体传播的性质、功能、作用和地位的形象比喻。马克思主义媒体观认为，媒体传播总要成为某一个阶级、党派的喉舌。马克思主义将媒体传播定位为党、政府和人民的"喉舌"，突出了媒体传播的极其重要的地位和作用，为历代无产阶级领袖所重视和强调。

1849年，马克思在法庭上驳斥普鲁士反动势力对《新莱茵报》的控告时指出："报刊按其使命来说，……是无处不在的耳目，是热情维护自己

---

① ［美］E. M. 罗杰斯著.传播学史：一种传记式的方法［M］.殷晓蓉译.上海：上海译文出版社，2012：103.

② 参见李凌沙.论马克思主义新闻观［J］.湖南大众传媒职业技术学院学报，2004（02）：5–9.

自由的人民精神的千呼万应的喉舌。"①同年，马克思和恩格斯在《〈新莱茵报·政治经济评论〉出版启事》中又指出："报纸最大的好处，就是它每日都能干预运动，能够成为运动的喉舌，能够反映出当前的整个局势，能够使人民和人民的日刊发生不断的、生动活泼的联系。"②

中国共产党在革命和建设事业中，继承了马克思、恩格斯关于媒体作为传播"喉舌"的观点。1929年，《党的生活》在出版启事中阐明："《党的生活》是一般党员的'喉舌'。"1942年，延安《解放日报》在"致读者"的社论中强调："使《解放日报》成为真正战斗的党的机关报，成为一切愿意消灭民族敌人、建立民族国家的人的共同的喉舌。"1948年，刘少奇在《对华北记者团的谈话》中明确指出："你们是党和人民的耳目喉舌。"③1991年，在新华社成立60周年之际，江泽民同志指出："我们国家的报纸、广播、电视等是党、政府和人民的喉舌。"④

（2）党性论

党性论是马克思主义媒体观的根本原则。新闻媒体传播必须坚持无产阶级的党性原则，必须遵循马克思主义，以马克思主义为指针，积极宣传党的纲领、方针、政策；同时，媒体传播在组织上要接受党的领导，遵守党的组织原则和党的纪律。1849年1月，恩格斯在《瑞士报刊》一文中指出："在大国里报纸都反映自己党派的观点，它永远也不会违反自己党派的利益……"⑤1890年9月，恩格斯在《给〈社会民主党人报〉读者的告别信》中指出："《社会民主党人报》是德国党的旗帜"⑥，"在它的篇幅上极其明确地和坚决地阐述并捍卫了党的原则"⑦。1905年，列宁在《党的组织和党的出版物》一文中指出"报纸应当成为各个党组织的机关

---

① 马克思恩格斯全集（第6卷）[M].北京：人民出版社，1961：275.

② 马克思恩格斯全集（第7卷）[M].北京：人民出版社，1959：3.

③ 中共中央宣传部新闻局编.马克思主义新闻工作文献选读[M].北京：人民出版社，1990：25.

④ 中共中央文献研究室编.江泽民思想年编（1989—2008）[M].北京：中央文献出版社，2010：14.

⑤ 马克思恩格斯全集（第6卷）[M].北京：人民出版社，1961：209.

⑥ 马克思恩格斯选集（第四卷）[M].北京：人民出版社，1995：402.

⑦ 马克思恩格斯全集（第22卷）[M].北京：人民出版社，1965：90.

报"①，"应受党的监督"②，之后还指出"报刊无条件服从党"③。媒体传播处在意识形态领域的前沿，对人们思想意识和精神生活都有着重大影响。中国共产党从诞生之日起便十分重视、坚持新闻媒体传播的无产阶级党性原则。在1921年中国共产党通过的第一个决议中就规定："一切书籍、日报、标语和传单的出版工作，均应受中央执行委员会或临时中央执行委员会的监督。"④"任何中央、地方的出版物均不能刊载违背党的方针、政策和决定的文章。"⑤1942年，毛泽东在给周恩来的电报中说："关于改进《解放日报》已有讨论，使之增强党性与反映群众。《新华日报》亦宜有所改进。"⑥同年，毛泽东在给中共各中央局、中央分局的指示中提出："抓紧对通讯社及报纸的领导，务使通讯社及报纸的宣传完全符合于党的政策，务使我们的宣传增强党性……"⑦

新中国成立之后，毛泽东继续提出"搞新闻工作，要政治家办报"⑧，强调要增强媒体传播者的党性观念。1975，邓小平指出："……每个干部都要把党性放在第一位。"⑨1983，邓小平对党的组织战线和思想战线工作者提出"要增强党性，遵守党的章程和纪律"的要求。1996年，江泽民在视察《人民日报》社时指出："希望《人民日报》旗帜鲜明地坚持党性原则，坚持以邓小平建设有中国特色社会主义理论和党的基本路线为指导，不管在什么时候什么情况下，都要在思想上、政治上同党中央保持高度一致……报社的同志要有大局意识，全局意识，坚持政治家办

① 列宁全集（第10卷）[M].北京：人民出版社，1958：26.

② 列宁全集（第12卷）[M].北京：人民出版社，1987：95.

③ 列宁全集（第34卷）[M].北京：人民出版社，1959：330.

④ 中央文献研究室，中央档案馆编.建党以来重要文献选编（1921—1949）（第一册）[M].北京：中央文献出版社，2011：4.

⑤ 中国社会科学院新闻研究所编.中国共产党新闻工作文件汇编（上）[M].北京：新华出版社，1980：1.

⑥ 新华通讯社编.毛泽东论新闻宣传[M].北京：新华出版社，2000：94.

⑦ 新华通讯社编.毛泽东论新闻宣传[M].北京：新华出版社，2000：6.

⑧ 新华通讯社编.毛泽东论新闻宣传[M].北京：新华出版社，2000：148.

⑨ 中共中央文献研究室编.邓小平思想年谱（1975—1997）[M].北京：中央文献出版社，1998：3.

报……"①2013年8月19日，习近平在全国宣传思想工作会议上发表重要讲话，指出："坚持党性，核心就是坚持正确政治方向，站稳政治立场，坚定宣传党的理论和路线方针政策，坚定宣传中央重大工作部署，坚定宣传中央关于形势的重大分析判断，坚决同党中央保持高度一致，坚决维护中央权威。所有宣传思想部门和单位，所有宣传思想战线上的党员、干部都要旗帜鲜明坚持党性原则。"②

（3）群众论

马克思主义媒体观的群众论是指媒体传播和新闻事业必须注重群众的需要，必须依靠群众，贴近群众，并为群众服务。

1842年，马克思曾指出，无产阶级报刊"生活在人民当中，它真诚地和人民共患难、同甘苦、齐爱憎"③。列宁在1918年《苏维埃政权的当前任务》中明确提出，社会主义报刊是为苏维埃群众服务的报刊。

1944年，毛泽东在《解放日报》纪念创刊1000期时提出"全党办报"思想。1948年，毛泽东在《对晋绥日报编辑人员的谈话》中强调指出："我们的报纸也要靠大家来办，靠全体人民群众来办，靠全党来办，而不能只靠少数人关起门来办。"④毛泽东还提倡新闻宣传"三贴近"，反对"假、大、空"。他指出："我们党所办的报纸，我们党所进行的一切宣传工作，都应当是生动的，鲜明的，尖锐的，毫不吞吞吐吐，这是我们革命无产阶级应有的战斗风格。我们要教育人民认识真理，要动员人们起来为解放自己而斗争，就需要这种战斗的风格。"⑤

邓小平在全国科学大会开幕式上的讲话中指出："追求表面文章，不讲实际效果、实际效率、实际速度、实际质量、实际成本的形式主义必须制止。说空话、说大话、说假话的恶习必须杜绝。"⑥1996年，江泽民

---

① 江泽民文选（第一卷）[M].北京：人民出版社，2006：565.

② 习近平在全国宣传思想工作会议上强调：胸怀大局把握大势着眼大事 努力把宣传思想工作做得更好[N].人民日报，2013-08-21.

③ 马克思恩格斯全集（第1卷）[M].北京：人民日报出版社，1956：187.

④ 新华通讯社编.毛泽东论新闻宣传[M].北京：新华出版社，2000：119.

⑤ 新华通讯社编.毛泽东论新闻宣传[M].北京：新华出版社，2000：121.

⑥ 邓小平文选（第二卷）[M].北京：人民出版社，1994：100.

在视察《人民日报》社时指出："全党办报，群众办报，是我们党一贯的方针。在新的历史时期，要结合新形势、新实践，更好地贯彻这一方针。"①他还在《解放军报》社同师级以上干部谈话时强调："要讲究宣传艺术，增强吸引力、感召力和说服力，把报纸办得生动活泼，喜闻乐见。"②2013年8月19日，习近平在全国宣传思想工作会议上发表重要讲话，指出："坚持人民性，就是要把实现好、维护好、发展好最广大人民根本利益作为出发点和落脚点，坚持以民为本、以人为本。要树立以人民为中心的工作导向，把服务群众同教育引导群众结合起来，把满足需求同提高素养结合起来，多宣传报道人民群众的伟大奋斗和火热生活，多宣传报道人民群众中涌现出来的先进典型和感人事迹，丰富人民精神世界，增强人民精神力量，满足人民精神需求。"③

（4）导向论

马克思主义媒体观十分重视舆论引导作用，用正确的舆论引导人，引导社会走向，形成受众向心力和凝聚力。坚持正确的舆论导向，根本的是要以马克思主义、毛泽东思想、邓小平理论、"三个代表"重要思想、科学发展观和习近平新时代中国特色社会主义思想为指针，坚持正确的政治方向，唱响主旋律，打好主动仗，激发正能量。

新中国成立之初，毛泽东谈到报纸宣传时提出："报纸应该有方向……"④20世纪80年代，邓小平也提出："……使马克思主义的和社会主义、共产主义的宣传，特别是在一些重大理论性、原则性问题上的正确观点，在思想界真正发挥主导作用。"⑤20世纪90年代，江泽民提出，要以科学的理论武装人，以正确的舆论引导人，以高尚的精神塑造人，以优秀的作品鼓舞人。他还指出："历史经验反复证明，舆论导向正确与否，

① 江金权.江总书记抓党建重要活动记略［M］.北京：人民出版社，1998：647.

② 江金权.江总书记抓党建重要活动记略［M］.北京：人民出版社，1998：556.

③ 习近平在全国宣传思想工作会议上强调：胸怀大局把握大势着眼大事　努力把宣传思想工作做得更好［N］.人民日报，2013-08-21.

④ 新华通讯社编.毛泽东论新闻宣传［M］.北京：新华出版社，2000：145.

⑤ 邓小平文选（第三卷）［M］.北京：人民出版社，1993：46.

对于我们党的成长和壮大，对于人民政权的建立和巩固，对于人民的团结和国家的繁荣富强，具有重要作用。舆论导向正确，是党和人民之福；舆论导向错误，是党和人民之祸。"[①]2013年8月全国宣传思想工作会议召开，习近平发表了重要讲话，指出："坚持团结稳定鼓劲、正面宣传为主，是宣传思想工作必须遵循的重要方针"，"坚持党性，坚持正确的政治方向，站稳政治立场"[②]。以上论述都充分体现了党中央对于媒体传播舆论导向的高度重视和明确要求。

（5）环境论

马克思主义媒体观的环境论是指传播过程应结合国际和国内环境出现的新变化，传播过程必须与传播活动周围的情况和条件相适应，包括媒介环境、社会环境等。马克思、恩格斯一贯以积极的眼光看待科技进步的巨大作用，并十分重视新媒体的作用。恩格斯在马克思墓前的讲话中指出："在马克思看来，科学是一种在历史上起推动作用的、革命的力量。任何一门理论科学中的每一个新发现——它的实际应用也许还根本无法预见——都使马克思感到衷心喜悦……"[③]18世纪，最早的电子媒介——电报的发明，在人类历史上第一次实现了人体运动与信息运动的分离，使得信息传播的速度倍增，并开启了大众化传播时代的到来。马克思亲身感受到了电报带来的传递速度的提升和社会变化。马克思在第一国际总委员会的讨论上，称赞横跨大西洋的海底电缆的顺利投入使用是"伟大胜利"，充分肯定了其带来的积极意义。同时，马克思还敏锐地注意到了政府、商业集团对于电报的掌控，认识到了掌握新媒体对于政治的重要作用，他曾指出："一般说来，在克里木战争和巴黎交易所之间有着奥妙的联系。……条条电线都汇聚到土伊勒里，这些电线在这里都最后成了'内阁的秘密'。"[④]"海底电报夺去了将军们手中的战争指挥权，使它服从于

① 江泽民文选（第一卷）[M].北京：人民出版社，2006：563–564.

② 习近平在全国宣传思想工作会议上强调：胸怀大局把握大势着眼大事 努力把宣传思想工作做得更好[N].人民日报，2013–08–21.

③ 马克思恩格斯选集（第三卷）[M].北京：人民出版社，1995：777.

④ 马克思恩格斯全集（第11卷）[M].北京：人民出版社，1962：354.

波拿巴的肤浅的占星术的奇想以及议会外交的阴谋。"①可见，应结合国际和国内环境出现的新的变化，以积极的态度面对新媒体，重视新媒体对于传播的巨大作用，也是马克思媒体观的重要内容。

2.历史唯物主义

马克思认为，精神交往的形式和内容是具有历史性的，它们在不同的历史时期所表现出来的特征不同。在对精神生产以及物质生产进行研究的过程中，首先需要明确的一个问题就是这种物质生产的本身并不能够单纯地作为一个范畴来进行考察，在对其进行考察的过程中更多的时候应该将其作为一种历史的形式来考察。如果在进行考察的过程中不从其特殊的历史形式着手，那对于这两种特征之间的相互作用以及与其相适应的精神特征就不能很好地进行了解。精神生产是历史的产物，处于不断变动中，它以物质生产为基础，并与之相互依存，辩证共生。恩格斯认为，当我们对于自身的精神活动进行细致的考察时，开始出现在我们眼前的是一个脑海中联想情景与现实相互交织形成的一个画面。他认为以生产力为基础，生产力、社会状况、意识三者相互作用、相互促进和相互制约，形成一种交往的合力。

阶级的实质是其在社会中占有一定的精神力量以及物质力量。一个阶级在社会不断发展的过程中不仅占有着一定的物资生产资料，并且也支配着一定的精神生产资料。因此，对于生活中被剥夺了精神生产资料的人来讲，他们处于不利的位置，即各个社会发展阶段都有各自的物质生产状况，这个状况是该社会发展阶段的需要基础，交往要在这个基础上才能进行。

3.关于交往媒介

（1）语言

语言是人类交往的需要，是重要的交流媒介，具有社会性。"……甚至思想家用来进行活动的语言本身，都是作为社会的产品给予我

---

① 马克思恩格斯全集（第11卷）［M］.北京: 人民出版社, 1962: 404.

的……"①语言不是天然产生，而是顺应人与人之间必须沟通的社会需要应势而生的。"语言也和意识一样，只是由于需要，由于和他人交往的迫切需要才产生的。"②语言可以形成社会规范，共同生活的人们只有讲大家都能听得懂的语言，才能在群体中没有障碍地生存、生活。它是一种被群体默认、一致同意的社会规范体系，在共同持续积累的交流中，语言的语法、词汇等不断得到巩固和增加，形成固定的表达形式，也就形成了语言文化，丰富了人类传播和交往的形式。

（2）文字和印刷术

语言形成后，人类精神交往的媒介又随着需要的发展衍生出文字。文字的出现使得人类文明走上了一个新的高度，打破了面对面交流的局限，文化得到了更广泛和深入传播的机会。恩格斯说，人类"……由于文字的发明及其应用于文献记录而过渡到文明时代"③。文字对于人类交往和文明的进步具有极大的推动作用，它在很大程度上有效地消除了语言由于地方性差异造成的交往不通畅甚至隔绝的状况，拓展了人类文明交流的深度和广度。之后，印刷术的发明使世界信息的交换量与过去相比以几何级数递增，为精神传播插上了翅膀。马克思将印刷术看作"最伟大的发明"，恩格斯则更直接地赞美印刷术："你不也是神吗？……禁锢在独卷手抄书内的思想，无法传扬到四面八方！还缺少什么？飞翔的本事？大自然按照一个模型，创造出无数不朽的生命，跟它学吧！我的发明！"④

（3）报刊

在马克思和恩格斯的年代，报刊已经成为社会精神交往最广泛的媒介。"自由报刊是国家精神，它可以推销到每一间茅屋，比物质的煤气还便宜。它无所不及，无处不在，无所不知。"⑤因此较其他精神交往的媒介或形式，马克思和恩格斯对报刊的考察更为细致。每种报刊都有各自不

---

① 马克思恩格斯全集（第42卷）[M].北京：人民出版社，1979：122.

② 马克思恩格斯全集（第3卷）[M].北京：人民出版社，1960：34.

③ 马克思恩格斯选集（第四卷）[M].北京：人民出版社，1972：21.

④ 马克思恩格斯全集（第41卷）[M].北京：人民出版社，1982：42—43.

⑤ 马克思恩格斯全集（第1卷）[M].北京：人民出版社，1995：179.

同的立场和观点，公开发表的报刊都具有社会性，在社会精神交往中它们都扮演着特定的角色，承担着特定的社会责任。在世界交往不断扩大和深化中，报刊能够通过直接和间接传播实现社会沟通，所承载的社会交往能力也日益增强。虽然报刊所传播的事实或观点不同，代表的阶级立场不同，从交往的角度来看，它都能实现社会沟通。1850年，马克思和恩格斯在谈到法国时指出，就报刊本身的属性来讲，它是作为一种舆论纸币的形式在社会中进行传递的，属于国家第三种形式的力量体现。马克思认为报刊工作应当共同遵守"一般的公正"的原则，即对事物的不同方面、不同意见都提供同等的待遇，这就是说报刊在进行传播时，应该尽可能了解最实际的情况，以期实现公正。

4. 交往形态

马克思的交往理论将交往形态分为一般形态和社会形态两大类。

（1）一般的交往形态

①宗教。宗教虽然是一种独立的社会精神交往形态，但却经常需要借助宣传、舆论、文学、新闻等等交往形态开展自己的活动。宗教往往借助虚幻的中介物在想象、超验中进行情感化的交往，具有一定程度的排他性。恩格斯把宗教分为自发宗教和人为宗教两大类，并对于世界性的宗教在传播的过程中需要的相关条件进行了论证：第一，宗教传播范围的不断扩大在很大程度上得益于神教的确立；第二，宗教在进行传播的过程中形式内容越简单，影响力越大；第三，宗教在自身不断发展的过程中对外开放的程度越大，其自身传播的速度越快；第四，宗教在自身发展的过程中提高自身传播的速度以及广泛程度可以通过向社会下层寻找信徒实现。第五，宗教在进行传播的过程中，传播人员自身的素质高低对于宗教的传播也会产生深远的影响。[①]

②文艺。能够将主观想象和客观环境结合，认识和创造美是人区别于动物的重要标志之一，文艺便是人类精神交往中的一种以审美为基本内容的形态。文艺是一种人类对抽象美感的具象表达，让感受在其中的人体会

---

① 参见陈力丹. 精神交往论：马克思恩格斯的传播观[M]. 北京：中国人民大学出版社，2008：110–114.

到听觉、视觉和触觉上的舒适和美感。在对事物进行感知的过程中，人们更多的时候是通过视觉和听觉，并且对于我们自身而言，视觉与触觉之间是可以相互进行补充的，即有的时候我们可以通过一个物体的外形来判断出我们在触觉上的感受。而文艺形态的精神交往并不是能够被所有的受众共感，它对于审美和情感具有一定程度上的要求，文艺传播只有在相应水平的接收者那里才能够体现出自身的价值。马克思说："如果你想得到艺术的享受，那你就必须是一个有艺术修养的人。"①同时，马克思和恩格斯还指出物质生产的发展同文艺生产之间的关系是不平衡的。

③舆论。舆论是自然的、普遍存在的一种交往形态。汉语中的"舆"即公众。在对公众意见进行讨论的过程中，马克思、恩格斯所表述的观点并不等同于从上层的角度看来自下层的 "民意"，他们表达的观点既包含有统治阶段中不进行决策行为人员的意见，也包含有一般性的下层人民的意见。从他们的表达中也可以看出，舆论具有较大范围内的共同利益、为先进的阶层和发达地区掌控、越来越容易为外部因素影响、政治自由的必要性日益增强、舆论的逆向反映越来越强烈以及自发性等特点，具有对权力组织和政治活动家的制约力量、对立法、特别是经济立法的推动力量以及对普遍社会监督的践行力量。②马克思和恩格斯抓住报刊和舆论的关系，得出"报纸是作为社会舆论的纸币流通的" 论断，认为舆论的需求产生了报纸，报纸必须且只有通过表达舆论才能达到其对舆论的影响。同时舆论又反作用于报刊，报刊虽然不能强迫人们接受某种观念，但它却能让人们注意到某种观点，在对自身利益的调整中报刊根据舆论的导向决定自身是否反应正确的舆论导向。报刊与舆论间的相互作用也表现出了报刊的生命力所在。

④宣传。宣传的本质是劝服。在马克思和恩格斯的著作里，使用得较多的词语为"宣传"，一些行为如果在某些方面产生了一定的影响，也被定义为宣传。事件在发生的过程中如果对于其他人员产生了实际的作

---

① 　马克思恩格斯全集（第42卷）[M].北京：人民出版社，1979：155.

② 　参见陈力丹.精神交往论：马克思恩格斯的传播观[M].北京：中国人民大学出版社，2008：163–165.

用，即使产生的效果与事件的发起人开始时的目的不同，也被认为是一种宣传。可以看出，通过自身的实际行动或者是一些观念的传播对于其他个体的行为或者是思想产生一定影响的行为即为宣传，在进行宣传的过程中更多的时候是为了产生一定的效益或者是产生一些实际的影响。由于在当时，在进行宣传的过程中更多的是进行简单、狂热的宣传，很少进行冷静而理智的行为，他们尤为注重科学宣传的重要性。在进行宣传活动的过程中，在寻找志同道合的人时，只是简单地发表一些宣言是远远不够的。对于自身的观点不需要进行论证，必须要结合相关的理论对于存在的问题进行必要的分析，也就是说对于问题要保持一种科学的态度。即宣传一定要注重其内在的科学逻辑性，针对宣传对象的具体情况，否则宣传就不会取得期望的成效。马克思和恩格斯本身就是根据实际进行宣传的倡导者，他们不喜欢刻板说教的宣传方式，提倡对不同的宣传对象使用各异的宣传方式。基于对宣传物质基础的认识，"利用雄辩的事实来宣传彻底改造的必要性"①也是马克思和恩格斯十分重视的手段。

⑤新闻。新闻存在的意义在于大多数人的不知。新闻的出现并没有规律性，是偶然性因素和必然性因素互相作用而发生的事实变化，重大新闻不规律、不均衡地出现是新闻与其他交往形态的不同之处。马克思对新闻的认识并不单单局限于新近发生的事件。他不提倡狭隘地追求耸人听闻的"当日惊人消息"，认为那只是新闻最原始的意义。马克思提倡从宏观历史角度，站在事实变动的角度上看待新闻，从历史的高度上来看，新近发生以至于将来会发生的某些事情，往往体现为过去发生的事情的同类反复。在这个意义上，新闻体现出"常闻"的特点。

（2）交往的社会形态

①交往的人的依赖形态。这个形态被描述为人们的交往始终局限在狭窄的范围内，个人在交往中始终没有独立的个性，人依赖于人们结成的共同体，仅仅以共同体的一分子的身份和心态参与精神交往。这是人类精神交往必经的较低级的层次。

---

① 　马克思恩格斯全集（第2卷）［M］.北京：人民出版社，1957：594.

②交往的物的依赖形态。物的依赖形态指资本主义的商品社会。马克思指出："但他们只是作为具有某种（社会）规定性的个人而互相交往，如封建主和臣仆、地主和农奴等等，或作为种姓成员等等，或属于某个等级等等。"①在物的依赖形态中，人们不再为各种人为的依附关系所束缚，第一次形成了普遍和全面的交往关系，体现出了人们在经济领域内的物的平等和自由，但同时在这个过程中为该种交往进步付出的代价就是马克思讲的"交往异化"。

③交往的人的全面发展的形态。这是一种建立在交往的物的依赖形态发展的基础上摆脱了人的依赖关系和物的依赖关系对交往的限制，以个人的全面发展为特征的更高级的社会形态。"共产主义所建立的制度，正是这样的一种现实基础，它排除一切不依赖于个人而存在的东西，……把过去的生产和交往所产生的条件看作无机的条件。"②马克思恩格斯认为，物的依赖状态的交往必将让位于人的自我实现和全面发展的更高形式的交往。

5. 交往政策

交往政策是指一定区域内的当权者为了维护自己的利益，对人们精神交往的内容和形式制定的法规和行政条款等的总称。由于这类政策与一定的权力联系在一起，它们往往影响这个区域几代人甚至更长时间精神交往的规模和形态，推动或阻碍精神交往的发展。最古老的交往政策的典型形式是书报检查。现代的交往政策一般是以法的形式表现的，体现交往的基本政策的是宪法或宪法性质的文件。③

6. 交往心理

马克思在他的第一篇政论中就指出，任何人的精神交往活动都不可能"超乎心理学规律之上"。马克思和恩格斯把交往心理看作是人脑在社会联系中不断完善的产物，看作一种社会实践，特别是现代工业革命中人的

---

① 马克思恩格斯全集（第46卷）（上册）[M]. 北京: 人民出版社, 1979: 110.

② 马克思恩格斯全集（第3卷）[M]. 北京: 人民出版社, 1960: 79.

③ 陈力丹. 精神交往论: 马克思恩格斯的传播观[M]. 北京: 中国人民大学出版社, 2008: 366.

本质力量的表现。[①]人类的交往一直在互动和制约中发展。影响交往的最大心理障碍，是个人、阶级、党派、社会、民族的各种偏见。偏见是一种对外部事物所持的缺乏充分事实根据的态度。当交往各方都存有偏见时，交往或难于进行，或处于信息失真的状态中。[②]交往需要首先引起交往对象的注意之后再进一步深化为认同、联系和发展。马克思和恩格斯认为形成注意的首要因素体现为事实的变动，事实变动的强烈程度与引起注意的程度呈正相关。他们认为，要引起相关人的注意，要在交往传播中尽量有新鲜的内容和形式，表达出独特的风格，即使特色不鲜明也要尽量使人感受到传播者的诚意。另外，在具体的传播实践中，集中传播吸引注意力的效果会优于分散传播。

7. 内容与形式

（1）内容与形式的辩证逻辑关系

内容和形式是对立统一的关系，形式依赖于内容，内容又要以某种形式呈现。内容是包含事物本质特性的载体，事物的形式则是事物在不同时间、空间、社会、自然条件下因环境不同而显示出不同的外表，是被外部察觉到的特征。内容和形式是对立统一的关系，但这种关系需要细致入微的观察研究才可能把握。

形式与内容相互依存，不可分割，这是马克思主义一元论的基本要求。内容和形式是同一事物两个不可分割的部分，如生物体内部结构和其外在形态、行为方法，社会生产力中的生产工具和生产对象，历史变革中的内部矛盾和冲突表现方式。事物矛盾运动方式、矛盾双方力量对比决定了事物内容的性质和实质，同样内容的矛盾在不同外部环境下具有不同的"生存"状况以适应、影响周围环境。内容决定形式，形式对内容具有反作用。内容基于物质矛盾运动产生，形式为其载体，是内容赖以存在的基础，同时外部环境也通过对形式影响作用于事物，即外因也是事物变化的因素进而促使事物的内容产生变化。形式与内容的相互作用体现了"运动

---

① 陈力丹. 精神交往论: 马克思恩格斯的传播观 [M]. 北京: 中国人民大学出版社, 2008: 388-389.

② 陈力丹. 精神交往论: 马克思恩格斯的传播观 [M]. 北京: 中国人民大学出版社, 2008: 405.

是物质的存在方式"这个马克思主义的基本认识。

内容与形式在不可分、相互作用的前提下共同推进事物的演进、发展。内容与形式是一体的，是同一事物两个方面，这是因外部世界是运动而引起的。内部活动不能脱离外部世界单独运动，因而外部世界的变化不可避免地要影响到事物内部的改变。内部事物只有作出改变才能适应不断变化的外部世界的物理、化学、生物环境，否则只有消亡。

由于历史的发展以及特定的社会需求，在内容发展了的同时，必须有新的形式与之对应，而新形式必然是在旧形式上的继承和扬弃，使之能为新内容服务。马克思主义从产生到发展至今，本身就是一个内容和形式不断适应时代的过程。从内容上看，马克思主义解放全人类的终极目标从未改变；从形式上看，马克思主义思想从其创始人到其继承者无一不在对其作形式上的修改以适应当时的世界发展状况。内容若是脱离形式保持一成不变是教条主义、形而上学，形式若是脱离内容必然成为幻想中的乌托邦。

（2）内容与形式在方法论中的意义

第一，马克思主义一元论是我们认识世界的起点，只有遵循这个起点，我们才能避免陷入唯心主义的认识误区、陷入歧途。马克思主义的唯物主义方法是我们认识世界和改造世界的重要的思维方法，是经过实践检验证明的科学有效的思想工具，是在解决实际生产生活中的问题时应该秉承的重要原则。

第二，内容和形式具有一体性原则。遇到事情和事物的时候，我们应该从内容和形式两个方面思考。人们一般从形式上对事物有一个主观的印象，此时对物质的认识趋于表面、肤浅，只有深入调查了解其出现的原因，对事物演变的过程进行细致分析才能掌握全貌，认识问题、解决问题。相反，如果只是从一般矛盾运动规律研究出事物的内容而忽略其外在形态的话，就会陷入"本本主义"，这也是犯了形式与内容分离的错误。历史经验表明，马克思主义若没有形式与内容的结合，社会主义事业就会遭到失败。

第三，根据内容决定形式的原理。内容是事物内部矛盾的体现，内容的改变才是事物的改变。在解决问题的时候，我们只有绕过形式，才能充分认识了解事物的本质性内容。我们只有抓住决定事物的关键性因素，才能达到自己的目的。根据形式反作用于内容的原理，当事物的内容已经定性、不容改变的时候要促进事物发生变化，就是从事物的形式入手才能达到我们改造世界的目的。"橘生淮南则为橘，生于淮北则为枳"，要"橘"，还是"枳"，取决于人们把这种植物种在什么地方。外部环境的变化往往对于事物内部的矛盾运动有巨大的加速或延缓作用，如人们在化工产品中加入催化剂，把食物放进冰箱保鲜，并没有从根本上改变物质变化的过程，而是根据人类的需要调节了这种变化的进程。形式对内容的巨大作用，需要我们花费大量的时间和实践去认识、了解，只有充分认识到外部环境影响内部矛盾的原理，人们才能根据自身需要改造世界。

根据内容与形式关系的复杂性可知，人类认识世界、了解世界是一个复杂的过程，内容与形式的作用也不全然都是简单的直接因果关系。事实上，大部分的事物内容和形式之间是间接的因果关系或者是相关关系，事物的内容是不变的，而形式可以千变万化，导致最终事物的物理、化学、生物、社会等属性千差万别，如同不同的原子组合成为性质各异的分子、不同的文字组合成为风格各异的文学作品一样，在鉴别时需要依靠人类的集体智慧，去伪存真。马克思主义发展也是如此，马克思主义真理性的内容需要形式上的千变万化来满足生活中人们的需求，新的形式替代旧的形式，新的结构代替旧的结构，马克思主义理论的宣传方式也需要注重形式与内容的变化，才能更好地服务于社会主义精神文明和物质文明建设。

8.马克思主义中国化理论

马克思主义中国化与马克思主义大众化具有内在关联，马克思主义大众化是马克思主义中国化的具体方式和步骤，马克思主义中国化是马克思主义大众化的最终目的。从历史的角度看，从新民主主义革命时期到党的十一届三中全会，马克思主义中国化的理论建设均得到了历史性的质的飞跃。马克思主义中国化历史进程的推进，实际上是将变化发展了的中国国情与马克思主义的基本原理、方式方法相结合的产物，是马克思主义理论建设适应中国历史社会发展的实践。马克思主义大众化是对其中国化的实现途径，通过大众媒介发挥作用，使得马克思主义中国化的理论体系得以构建并传播，促进大众对马克思主义基本原理内核的理解，以理论指导现实行为，是实践社会主义核心价值观不可缺少的步骤。从马克思主义中国化的历史进程方面看，通过不断的实践、纠正与改革，从错误的历史道路中总结吸取教训，最终使得马克思主义成为科学的原理与方法，成为与中国革命历史相结合的理论指导，成为具有理论体系、具有研究内涵与外延、具有思想内核和外部传播手段的、具有整体性的思想架构。马克思主义中国化的理论体系建设，成为指导我国改革与发展的重要理论，与我国发展的新形势进一步结合，成为社会主义核心价值观的重要组成部分。

（二）传播学相关理论

新媒体时代马克思主义理论传播研究的理论基础主要借鉴的是传播学中关于大众传播的理论。大众传播（mass communication）可以用三项特征来进行确认：第一，针对的对象是匿名的以及数量较大的受众；第二，消息在进行传播的过程中公开传播，因此在进行传播的过程中消失得较快，并且在传播的范围上较广；第三，传播的人员在一般情况下都是在一个复杂的组织内，并且该组织在很多的时候也是一个复合性的组织，运营过程需要大量的资金。大众传媒在进行传播的过程中较为明确的目标主要有以下几点：第一，对于大众传媒自身的效果进行解释；第二，对于人们在具体的生活工作中用大众传媒来做什么进行解释；第三，对于其中包含的相应学习机制进行解释；第四，在人们的观点以及价值观形成的过程中起到不可忽视的作用。由于信息技术的进步，媒介环境的变化给传播理论带来了新的挑战，要求重视与新媒介相关的主要理论性概念，研究如何将现有理论应用于新的传播环境，开发新理论和新研究方式来处理新媒介。①

---

① 参见［美］Werner J. Severin, James W. Tankard, Jr. . 传播理论: 起源、方法与应用［M］. 郭镇之, 徐培喜等，译. 北京: 中国传媒大学出版社, 2006: 4–15.

1. 传播主体相关理论

传播主体不仅包括传播者，也包括受传者。编码是传播者的行为，而传播者对传播内容进行的编码能否使受传者准确解码，则涉及有关解码效果的宣传分析理论。编码（encoding）就是将目的、意愿或意义转化成符号或代码的过程，这些符号除通常情况下可以是由字母、文字等构成的某种语言外，还可以是照片、音符或画面。语言的静态性、有限性和抽象性与现实的动态性、无限性和具象性特点相对立，使得语言这种编码符号并不能完全反应现实世界，任何一种语言的结构和词汇都含有很多对现实性的假定。解码也称译码（de-coding），是与编码相反的一个过程，就是完全或者基本上把信号、符号还原为它们所表达的信息。解码是意义重现的过程，是人们用各类符号进行思维和交流的过程，也正是编码和译码的过程。受传者解码的效果即是传播者宣传的效果。关于宣传分析，最著名的是七种常用宣传技巧，分别是辱骂法、光辉泛化法、转移法、证词法、平民法、洗牌作弊法和乐队花车法。①

2. 传播心理相关理论

（1）认知一致性理论

许多理论家认为，人类通过各种方式追求一致性，这些方式不仅表现在人们对世界的理解方面，也表现在各自人格的发展方面。简单地说，人们所试图组织的世界往往是以自己看来有意义的手段来进行的。认知一致理论认为，不一致性会导致人们相处时心理紧张而导致不适感，这种不适感继而又会导致人内心产生压力，这种压力促使着人们去消除这种产生压力的不一致性源头，尽可能达到认知上的一致，获得感觉上的再次平衡和舒适。

（2）说服理论

说服（persuasion）是传播最基本的形式之一，是由于接收别人的信息而产生的态度，即我们对事物认知倾向的改变。本质上讲，态度是对某

---

① 参见［美］Werner J. Severin, James W. Tankard, Jr.. 传播理论: 起源、方法与应用［M］. 郭镇之，徐培喜等，译. 北京: 中国传媒大学出版社，2006: 78–97.

种事物所持有的观点和判断，这种对事物喜欢或反感的总体印象是态度的关键。来自单方面或正反两方面的消息、来源的可信度、诉诸恐惧等方式都可以引起态度改变。

（3）群体与传播理论

人类是一种社会动物，时刻处在与他人的联系中，他人对自身态度、行为、甚至感觉都能够产生很大的影响。无论群体是大是小，是正式群体或非正式群体，所属群体中的人对我们接受大众传播信息的影响程度都很大。三种最重要的群体形式如下：基本群体，指关系亲密、长期面对面联系的群体，例如工作、家庭群体；参考群体，指的是得到了一定的认同并且作为标准的一个群体，但是其自身不一定属于其中的一部分，如渴望加入某个社团，就开始在行为上模仿、思想上接近；偶然群体，指事先并不相识的人们临时聚到一起形成的一次性群体。群体有时因其具有影响社会的力量而被用作改变人们态度和行为的中介。

（4）两级传播和创新扩散理论

两级传播理论认为，信息往往首先流向意见领袖，即社会中处于较为关键位置上的人，再由意见领袖将其所接收的信息通过自己的理解传播给下一层级的受众。意见领袖与其追随者一般属于同一个群体。这种两级流动传播模式逐渐发展成为多级传播模式，并经常被运用于扩散研究。所谓扩散研究（diffusion research），就是对创新（新的观念、实践、事物等）如何为人知晓并通过社会系统进行推广的社会过程研究。两级传播模式主要研究的内容是消息怎样在受众中进行逐层传递以及之后怎样进行传播，而在进行扩散的过程中，更多关注的则是最后是拒绝接受还是采用创新的结果。

3. 传播效果相关理论

（1）议程设置理论

这一理论最早是由美国学者麦库姆斯和肖提出的，探讨的是大众传播的效果和影响问题。该理论与以往的效果研究相比主要有三个特点。一是把传播效果分为认知、态度和行为三个层面，三者共同构成一个完整传播过程的不同阶段，侧重于认知，认为认知的主要目标是告诉人们应该想什么，从而把人们的注意力和关注点引导到特定的问题上。二是媒介的议程设置并不能达到立竿见影的效果，更多地体现为一个宏观的、中长期的和综合的客观社会效果。三是媒介对外界事物的报道不是一种镜面式的反映，而是会带有主观性，有目的地取舍选择。在传播实践中，各种传播主体可以利用议程设置抓住受众的注意力，控制传播的主流动向。

（2）知识沟假说

"知沟"理论是1970年美国传播学家 P. J. 蒂奇诺等人在实证研究的基础上提出的一种理论假设：假设信息在进行传递的过程中，处于社会经济地位越高层的人员获取信息的速度更快，因此，在进行信息传递的过程中所传播的信息的数量越大，（处于不同社会经济地位的）两者之间的差距就越大。[①]蒂奇诺认为除了经济方面的原因外，造成"知沟"不断加剧的原因还有以下五种情况。第一，对于社会经济地位不同的人来讲，处于不同层次的人员在进行传播的过程中技能上有一定的区别。不同层次的人员接受教育的形式一般是不同的，人们在进行日常工作学习中对信息的处理如记忆、理解、阅读等都需要教育打下良好的基础。第二，在以前获取的背景知识以及自身拥有的信息数量上也存在较大的差别。第三，处于较高层次社会地位的人员自身拥有的社会关系在某种程度上更加广泛。第四，记忆、接受等机制也会产生一定的影响。处于社会底层的人员在找寻满足自身态度以及价值观的新闻信息或者公共事务时一般较为困难，或者只是对于相关的信息产生了一时的兴趣而已。第五，大众媒介系统在建立的过程中主要的作用就是为社会层次较高的人员提供服务。[②]缩小不同地区、受众群体之间的信息化差距，是改变传播中"知沟"现象的重要途径。

（3）使用与满足理论

使用与满足研究将关注的焦点从传播者的目标转向接收者的目标。它试图确定大众传播的哪些功能可以为受众使用。哈斯、格里维奇和卡茨将

---

① 参见Tichenor P. J. . Mass communication and differential Growth in Knowlede［J］. Public Opinion Quarterly, summer, 1970: 158-170.

② Werner J. Severin, James W. Tankard, Jr. . 传播理论: 起源、方法与应用［M］. 郭镇之, 徐培喜等, 译. 北京: 中国传媒大学出版社, 2006: 216.

大众传媒作为个人之间相互联系的工具。从相关的资料文献中可以看出，他们将所选取的需求种类数目大致分成35种，并将其进一步归纳为四大类，大致为舒解压力的需要、社会整合的需要、个人整合的需要以及情感的需要。①

4. 传播媒介相关理论

麦克卢汉在1964年提出了媒介即消息（The medium is the message）的观点。他说，传播媒介最重要的效果在于它影响我们理解与思考的习惯。感官比例的概念指的是我们各种感觉器官的平衡作用……但是技术，特别是传播媒介，使人们只强调一种感官，超过其他感官。②

5. 传播伦理相关理论

（1）政治传播伦理

政治传播是社会秩序建立、政治事务决策和社会运作及其控制的重要途径和方式，它在人类社会生活中起统帅和主导作用。政治传播具有建构新的伦理体系、维护既有的伦理体系、进行道德意识的社会化、提高公众的道德素养、规范公众的行为、规范大众传播伦理秩序的功能。政治传播伦理问题涉及公众的传播权利、政治对媒体的控制审查、政治宣传合理性等方面。③

（2）新闻传播伦理

新闻伦理是生活中的伦理在新闻报道中的实践应用。从新闻角度看，要做到报道的公正准确；从伦理角度看，要在最大程度上以尊重他人的态度来报道。在伦理原则中，公正是最为重要的一个，公正指的是等害（利）交换，是一个最为重要的道德，其目的就是为了更好地保障社会的存在和发展，而社会主要就是每一个人为了实现自身更好的发展相互之间进行合作交流的一种形式。在保障社会正常运行的过程中，相互之间进行

---

① Werner J. Severin, James W. Tankard, Jr. . 传播理论：起源、方法与应用［M］. 郭镇之，徐培喜等，译. 北京：中国传媒大学出版社，2006：254.

② Werner J. Severin, James W. Tankard, Jr. . 传播理论：起源、方法与应用［M］. 郭镇之，徐培喜等，译. 北京：中国传媒大学出版社，2006：243.

③ 陈汝东. 传播伦理学［M］. 北京：北京大学出版社，2006：28.

平等的交换起到的作用远远大于社会所提供的无偿给予，也远远超过了其他的一些道德，即正义观念要发挥作用必须产生正义感并依靠这种正义感，它就会是稳定而有效的。新闻传播的过程中，对于社会公正进行及时有效的维护是新闻工作者的责任，另外，在进行相关工作时，更好地实现社会公平与公正也是传播参与者的一种道德的指向。另外，"己所不欲勿施于人"，要遵守诚实传播信息的规则。①

（3）文艺传播伦理

文艺传播是文学和艺术的传播。在文艺传播道德中，文艺传播主体及其行为的道德是最主要的。文艺传播的道德问题，归根结底，在于传播主体及其行为的道德。文艺传播伦理不能抛开文艺传播者和文艺传播媒体的道德而空谈文艺作品中所反映的现象，应该把两者结合起来，具体体现在传播、维护、完善人类现有的道德系统，也就是传播、褒扬真善美，抑制、鞭挞假恶丑，反映人类的道德理想，促进人类文明的发展等三个方面。文艺传播伦理中还表现出艺术性与政治性、理想性与现实性、艺术性与生活性、艺术真实与历史真实等几个方面的冲突。②

（4）网络传播伦理

网络传播就是通过互联网进行的传播。与其他媒介相比，网络传播具有全球性、开放性、即时性、多媒体性、虚拟性、平民性、交互性等特点，其正向道德功能包括扩大了公众的言论权利，扩大了信息传播的速度与范围，增强了社会道德观念的互动和社会化。同时它也有消解社会主流道德意识和人类公德，消解社会信度，降低社会整体道德水平，破坏社会传播伦理秩序的社会道德解构功能。这就体现出了网络法制建设的必要性。③

---

①　陈绚. 新闻传播伦理与法规教程［M］. 北京: 中国传媒大学出版社, 2007: 47.

②　陈绚. 新闻传播伦理与法规教程［M］. 北京: 中国传媒大学出版社, 2007: 215.

③　陈汝东. 传播伦理学［M］. 北京: 北京大学出版社, 2006: 304.

二、现实依据

马克思主义是无产阶级为实现全人类解放的科学依据，在伟大的革命征程中，无数的革命者为马克思主义传播奉献了青春乃至生命，众多的理论家为马克思主义的传播建言献策、贡献智慧。马克思主义理论是由马克思、恩格斯及其继承者对历史实践的不断回应，并依次发展出苏联布尔什维克政党、中国特色社会主义理论体系等全球性实践，是理论与实践的高度结合。中国特色社会主义建设事业、中国共产党的自身建设、中华民族伟大复兴中国梦的实现是我国马克思主义理论传播方式的现实依据。

第一，中国特色社会主义的伟大历史实践奠定了马克思主义理论传播方式的实践基础。

马克思主义从传入中国的那一天起，就与中国实际结合起来，就与中国人民的命运结合起来，在风起云涌的革命岁月和如火如荼的改革开放年代，马克思主义思想的每一次解放都有人民群众的积极参与，继而落实到革命斗争、生产生活中。反观革命运动的低潮，如第四次反"围剿"的失败，就是马克思主义脱离大众、脱离中国实际的惨痛教训。

在多年的实践和思考后，党中央总结出了"三个有利于"的思想结论，继续开放、深化改革成为全国人民的共识，坚持四项基本原则、坚持中国共产党的领导成为全国人民共同的心声。中国特色社会主义理论体系是引领中华民族伟大复兴、引领中国人民步入现代化的不二选择。中国特色社会主义不仅仅是中国共产党的领导思想，在其被广大人民群众接受以后，数以千万计的建言献策就成为全国各级人民代表大会的政治主流。持续四十多年的经济调整发展、不断增强的国力、不断提升的人民生活水平、不断上升的国际影响力都是在马克思主义指导下取得的。

中国特色社会主义已经在我国人民的经济生活、政治生活和文化生活中深深扎下了根，是我们建设社会主义的坚定的物质和思想基础。自改革开放以来，我国经济实力不断增强，国民文化素养稳定提升，新科技、新技术的研发、新思想的引进为我国社会主义建设提供了极大活力；同时也证明了，在新时期、新的历史条件下，坚守马克思主义意识形态思想阵地仍然是我国人民实现民族振兴、国家发展的必然选择，是我国在一定程度上与欧美发达国家鼎足而立的先决条件。

马克思主义引导下的中国经济的增长并不是以侵略别国、侵占别国资源而取得，政治影响力的提升是依赖别国的认同而不是政治施压。面对中国不断上升的国力和影响力，西方敌对势力一直未停止其惯用的泛自由、泛民主、泛人权的推销。中国仍然以势不可挡的速度发展并未受其干扰，主要是因为马克思主义依然是我国广大党员和人民群众认可的主流价值观。

第二，党的建设需要为马克思主义理论传播方式提供了实践基础。

在新民主主义革命和社会主义建设时期，中国共产党作为工人阶级的先锋队、无产阶级的代言人，代表的是广大劳动人民的利益。党员的思想意识和生活作风一直秉持着高风亮节的优良传统，这是革命先辈留给我们的宝贵精神遗产。

进入新时期，尤其是改革开放以后，物质生活极大丰富。大量的西方资本主义思潮的涌入对党员思想造成了极大的干扰和污染。实践证明，只有保持党员自身的先进性才能保持党的先进性，只有党员不褪本色才能保持党的领导力。

第三，中国梦的目标理想为马克思主义理论传播方式提供了实践基础。

"中国梦"的伟大目标提出是在毛泽东思想、邓小平理论等一系列马克思主义经典理论基础上的又一次发展，彰显了马克思主义的人文主义精神和广大人民群众的主体地位，是以人为本的终极体现。国家是由劳动人民组成的，只有劳动人民认同，党才会有广大的支持力量；只有劳动人民拥护，党才能保持执政地位的永久稳定；只有劳动人民坚守马克思主义的指导地位，才能抵御西方资本主义思潮的侵入。

第三章

新媒体时代马克思主义理论传播的现状分析

　　新媒体时代，社会整体传播环境发生重大变化，马克思主义理论传播面临着时代变革和技术进步的双重挑战。在这样的历史背景下，要推进马克思主义理论的新媒体传播，必须准确把握马克思主义理论在我国的传播历史，剖析当前马克思主义理论传播过程中存在的现实问题与不足，系统思考相关问题及成因。因此，本章从马克思主义理论传播的历史进程着手，梳理马克思主义理论在我国的传播脉络，阐述不同历史时期所运用的不同的传播方式而产生不同的传播效果，把握马克思主义理论现代传播方式转换的方向性，深入剖析新媒体在马克思主义理论传播中的作用，为探究优化新媒体时代马克思主义理论传播路径提供实践依据。

一、马克思主义理论传播的历史进程与现代转换

历经历史风沙而弥新的马克思主义理论传播，在不同的国家和文化圈，形成了丰富而美丽的画卷。马克思本人就非常重视通过媒体宣传，拓展受众，并反观自省，完成自我修正。从马克思开始，马克思主义理论的传播手段和传达路径就与马克思主义基本内涵同步增长，变革传播方式，不断创新。在中国，马克思主义传播有近百年的历史，传播方式也在不断完备和系统化。当今世界，以数字技术、光纤技术、网络技术等作为技术保障和物质基础的各种新媒体登上历史舞台，包括早期的MSN、QQ，以及Facebook、Skype等，为马克思主义理论传播提供了新的空间。新媒体时代，马克思主义理论传播需要根据时代变迁作出新的调整。

（一）马克思主义理论传播的历史进程

马克思主义理论传播经历了不同的历史时期，经历了不同的传播方式，每个阶段所采用的传播方式都是最符合当时历史条件的。从马克思主义在中国的传播历史看来，中国共产党对于马克思主义的传播予以高度重视。在新时代，为了使马克思主义更加深入人心，必须运用多种传播方式推进马克思主义的中国化、时代化、大众化。

1. 中国共产党成立初期马克思主义在中国的传播

马克思主义诞生于19世纪，自20世纪初传入中国以来，先进的马克思主义传播者便不遗余力地通过各种方式将马克思主义传播到广袤的中国大地，使得马克思主义如同星星之火、以燎原之势遍及整个中国。马克思主义在中国的传播为中国共产党的成立打下了坚实的基础，为马克思主义的传播发展写下了浓墨重彩的一笔。

（1）先进的传播者

主要有三种类型的马克思主义传播者。第一种是以陈独秀和李大钊为

代表的新文化运动的精神领袖。陈独秀是新文化运动的发起者，是五四运动的主要领导人，也是马克思主义的积极传播者，更是中国共产党的重要创始人之一，他的政治观点对于马克思主义在中国的传播具有重要意义，尤其是他1920年9月发表的《谈政治》一文表明他已经站到马克思主义的立场上来了。李大钊是中国共产主义的先驱，是伟大的马克思主义者，也是中国共产党的主要创始人之一。1913年李大钊在日本留学期间接触到了社会主义思想和马克思主义学说，1916年他积极投身新文化运动，1917年十月革命胜利后他连续发表多篇鼓舞人心的文章并演讲，就这样他从一个爱国的民主主义者转变为马克思主义者，并且是最早的马克思主义传播者之一。1919年李大钊热情投入并参与领导了五四运动，在这一过程当中他更加致力于马克思主义的宣传，尤其他的《我的马克思主义观》一文，在当时的思想界产生了重要影响。陈独秀和李大钊二人不仅积极投身于革命事业当中，对于其他马克思主义传播者也产生了深远的影响。

第二种是以毛泽东、蔡和森、周恩来等人为代表的、在五四运动中比较年轻的左翼骨干。毛泽东是湖南学生运动的领导人之一，他研读了多篇马克思主义相关著作，逐步建立起对马克思主义的信仰。一方面他撰写了多篇进步文章，另一方面他组织并成立进步社团。蔡和森和毛泽东是校友，他们一起组织进步团体、创办报刊，在五四运动之后蔡和森赴法勤工俭学，在留学期间，他阅读并翻译了多部马克思主义相关著作，用于自己和他人阅读，顺理成章地成为一名马克思主义者。1917年周恩来在天津南开学校毕业后赴日求学，在机缘巧合之下他开始接触马克思主义，于是他的思想发生了重要转变，1919年周恩来回国，在五四运动中成为学生代表，与其他活动分子共同组织社团活动。

第三种是以董必武为代表的一部分中国同盟会成员、辛亥革命时期的活动家。董必武是中国共产党的创始人之一，伟大的马克思主义者，他阅读了许多关于十月革命的书籍，"'逐渐了解俄国革命中列宁党的宗旨和工作方法与孙中山先生革命的宗旨和工作方法迥然不同'。于是就开始'想俄国与中国问题，开始谈马克思主义'。吴玉章、林伯渠等也有类似的思想经历"①。在上述马克思主义传播者当中，陈独秀、李大钊属于先驱者，毛泽东、蔡和森、周恩来、瞿秋白等人是传播的主要力量，董必武、吴玉章、林伯渠等人也成为马克思主义在中国传播的推进者。这些有着不同经历的先进分子以马克思主义为理论指导，积极投身到斗争当中，成为马克思主义在中国传播的中坚力量。

（2）采用的传播方式

最初，马克思主义在中国最主要的传播方式是通过印刷品进行传播，尤其是报刊发挥了巨大作用，此外，成立先进组织对于马克思主义的传播也起到了一定的推动作用。马克思主义于19世纪末20世纪初传入中国，当时的中国处于半殖民地半封建社会，灾难日益深重，在"西学东渐"的大潮下，一些先进分子开始寻求救国救民之道。1899年上海广学会创办的《万国公报》连载了《大同学》一文，文中马克思和恩格斯的名字首次出现在中文报刊上。1901年中国留日学生主办的《译书汇编》把马克思与社会主义学说联系在一起。到了1902年，梁启超描述马克思为"麦喀士，社会主义之泰斗也"，称其为"社会主义之鼻祖"。虽然梁启超对于马克思主义没有深入的了解，但是梁启超对于马克思的描述非常准确，而且梁启超是中国人在自己的著述中最早介绍社会主义并提到马克思的资产阶级改良派代表人物。1903年《浙江潮》刊载的《最近三世纪大势变迁史》以及《江苏》刊载的《国民新灵魂》均表达了对当时世界上蓬勃发展的社会主义运动的向往之情。1905年中国同盟会成立，在孙中山先生的影响下，《民报》和其他报刊相继发表了大量介绍社会主义思想的文章，并且孙中山先生倡导"民生主义就是社会主义，又名共产主义……"②。1907年刘师培、张继等人在日本成立了社会主义讲习会，并在创办的《天义报》《衡报》等刊物上刊载了多篇介绍社会主义思想的文章。1908年民鸣翻译了《共产党宣言（1888年英文版序言）》，但在此之后我国思想界对于社会主义思想的宣传逐渐冷落，直到武昌起义后再次活跃。

---

① 中共中央党史研究室编.中国共产党的九十年［M］.北京:党建读物出版社,2016:24.

② 孙中山选集［M］.北京:人民出版社,1981:802.

　　1917年俄国十月革命的胜利，深刻影响了中国的先进分子，五四运动爆发后，马克思主义开始在中国广泛传播。五四运动前后，以陈独秀、李大钊、毛泽东为代表的中国先进分子组织了马克思主义研究团体和共产主义小组，创办了报纸杂志，并以其为传播媒介，积极地宣传马克思主义。1919年，李大钊在《新青年》上发表的《我的马克思主义观》较为系统全面地介绍了马克思主义，同年毛泽东主编的《湘江评论》发行，这份刊物歌颂十月革命，宣传马克思主义，产生了巨大影响。1920年，陈望道翻译了标志马克思主义诞生的《共产党宣言》，直接影响了一批中国共产党的早期领导人。同年陈望道携《共产党宣言》来到上海，刘少奇、任弼时等年轻人也相继来到上海，成了他的学生。与此同时，一批在法国勤工俭学的留学生也开始学习研究马克思主义，其中就包括周恩来、蔡和森和邓小平。总而言之，无论是从日本、法国还是苏俄，马克思主义辗转传入中国后便如星星之火，迅速燎原。而1921年中国共产党的成立成为马克思主义在中国传播最为重要的推动因素，中国共产党一经成立便把马克思主义列为党的指导思想，这为马克思主义的后续传播奠定了基础。

　　年轻的中国共产党人不仅认真汲取马克思主义的思想精髓，而且热情地翻译和传播马克思主义的经典著作、还自发成立先进的组织用以推进马克思主义的传播。据相关资料统计，当时宣传马克思主义的报刊、文章和译文多达上百种，其中《民国日报》《时事新闻》《新青年》《每周评论》等成为传播马克思主义最有影响力的刊物，与此同时各种先进的组织如救国学生会、少年中国学会、新民学会、问题研究社、觉悟社等相继成立。这一时期，中国先进知识分子主要利用报刊作为传播媒介，克服了印刷媒介传播范围覆盖程度较小、局限性较大、普及程度不高等缺点，成为传播先进思想的主力军。

　　2. 新中国成立初期马克思主义在中国的传播

　　中国共产党人始终积极地向全国人民宣传和推广马克思主义，直至新中国成立初期，推进马克思主义大众化的传播一直是一项极为重要的任务。这一时期的传播方式有所改变，从印刷品传播和组织社团传播转为组织传播、人际传播、媒体传播，这三种传播方式在当时的历史条件下达到了较好的传播效果。

（1）组织传播

从中国共产党成立到新中国成立初期，中国共产党始终重视马克思主义的传播，但是近代以来中国半殖民地半封建的社会状态以及国民党反动派和帝国主义对中国共产党的诋毁，加深了人民群众对中国共产党的误解，致使人民群众对中国共产党没有清醒的认知。与此同时，中国民众根深蒂固的封建思想并没有随着新中国的成立而有所改变，旧观念、旧思想依旧盘踞在百姓心中。而新中国成立后必须大力恢复和发展经济，需要大批有思想、有能力、有知识的人才建设国家，基于以上两方面的原因，党需要大大加强对于马克思主义的传播力度。

首先，针对共产党员以及党员干部，以理论学习为主，推进党内马克思主义大众化。中国共产党采取多项措施推进马克思主义理论教育。其一是加强理论教育、提升全体党员的理论水平，学习马克思主义相关知识是党的组织生活中极为重要的一部分，各级党组织紧紧围绕马克思主义开展思想教育活动，向全体党员传播马克思主义，提升全体党员的理论水平。其二是通过整风运动提高全体党员思想觉悟，党内曾多次开展整风运动，其重点是反对教条主义，运动的目的是发扬马克思主义精神，反对"左"倾和右倾错误思想，整风运动的开展大大提高了全体党员的思想觉悟。其三通过权威机构系统地推进马克思主义大众化，其中"党校培训是党内推动马克思主义大众化的重要场所"[①]。全国还开办了多所政治学校，旨在全党范围内推进马克思主义大众化。以上多项措施对于促进和加深党员理解和掌握马克思主义具有重要意义。

其次，对于非党员采用的是组织宣传手段，推进马克思主义大众化。党员以及马克思主义追随者在全国范围内自发地成立了多个组织和社团，向广大人民群众宣传和普及马克思主义，其中部分传播者利用自身的有利资源向在校学生以及开明人士传播马克思主义，并深入探讨马克思主义对于中国未来发展的影响。许多群众深受其影响。不仅成为马克思主义的忠

---

① 卜昭滔. 建国初期马克思主义大众化进程及经验[J]. 中共云南省委党校学报, 2012（04）: 6.

实拥护者，而且自发地宣传马克思主义。这些进步的组织和社团，在全国范围内掀起了学习马克思主义的热潮，对于马克思主义的传播起到了巨大的推动作用，为实现马克思主义大众化打下了坚实的基础。

（2）人际传播

人际传播主要是针对青年学生、工人和农民的传播。青年学生是国家的进步力量，团结青年学生对于推进马克思主义大众化意义重大。一直以来，中国共产党非常重视马克思主义在青年学生中的传播，主要原因是青年学生具备热爱祖国、认知能力和接受新生事物的能力较强等特点，因此通过开展相关讲座、成立先进组织、开设理论课程以及阅读相关印刷品，使进步的青年学生成为马克思主义信仰者，并为马克思主义理论传播作出突出贡献。

相对于青年学生和知识分子有机会自发接触马克思主义而言，工人和农民的态度则相对被动。中国的工人阶级早期受到帝国主义和封建主义的双重压迫，导致其生活在水深火热之中。广大的工人阶级也想提高思想觉悟、投身到革命当中，但是由于文化水平的限制严重阻碍了他们对马克思主义的学习。针对此种情况，国家成立了大量的工人学习班，通过类似课堂授课的方式，以通俗易懂、深入浅出的方式向工人传授文化知识，将马克思主义贯穿到学习过程当中。

而对于中国最广大的农民而言，主要采用三种方式向其传播马克思主义。第一种方式是通过口头进行传播，一传十、十传百。党员干部热情地去农民家里宣传马克思主义，通过帮忙做农活拉近和农民的距离，以便于传播马克思主义。第二种方式是通过村头的喇叭进行广播。通过广播向农民宣传马克思主义也是重要的传播途径之一。第三种方式是通过赠予农民土地使用权向其传播马克思主义。对于面朝黄土背朝天的农民而言，土地就是他们的命，因此通过此种方式向农民传播马克思主义是最为有效的方式。在中国，一旦广大农民接受了马克思主义，意味着马克思主义就基本实现了大众化。

（3）媒体传播

这一时期的媒体传播方式主要是利用印刷品和有线广播传播马克思主

义，无论是在中国共产党成立初期还是在新中国成立初期，印刷品都是传播马克思主义的主要渠道：制作宣传册、创办各类刊物、发表文章、撰写书籍等方式为马克思理论传播提供了坚实的基础。为了满足广大人民群众学习马克思主义和毛泽东思想的需要，国家创办了大量的报纸和刊物，其中《新华日报》《光明日报》《人民日报》等刊登了多篇研究马克思主义的文章、国家领导人的重要讲话以及党的重要文献，成为传播马克思主义的重要阵地，尤其是《矛盾论》和《实践论》的发表对于传播马克思主义和毛泽东思想起到了无法估量的作用。

无论是城市还是农村，有线广播极大地拉近了人民群众和马克思主义之间的距离，通过广播传播马克思主义，使其在人民群众的心中生根发芽。新中国成立初期，广播以方便、快捷、大众化的特点迅速风靡整个中国，中国共产党抓住这一契机，利用广播推进马克思主义的传播：在日常生活中，大量播放马克思主义相关节目，使马克思主义深深刻印在人民群众的心中；偶尔请专家开展专题讲座，向听众传播马克思主义。

这一时期还有一种传播方式发挥了巨大作用，那就是电影。电影作为电视的前身，是集声音和图像为一体的传播媒介，是结合视觉和听觉的一种传播艺术。抗日救亡时期的《狂流》《中华儿女》等影片鼓舞了人民的斗志、弘扬了爱国主义，抗战胜利后《一江春水向东流》等影片深刻揭示了社会矛盾和本质。在新中国成立初期，中国电影的主题思想都紧紧围绕工人、农民以及士兵在革命过程中或生产实践中的革命英雄主义、爱国主义和集体主义。这些电影揭露了旧社会的黑暗，鼓舞了人心，振奋了士气，生动地反映出以马克思主义为指导、坚持中国共产党的领导是建设新中国的前提条件、是人民过上幸福生活的根本保证。

3. 改革开放后马克思主义在中国的传播

改革开放对于中国具有划时代的历史意义，使中国发生了翻天覆地的变化，对于马克思主义的传播也起到了无法估量的作用，令马克思主义大众化的传播进入了历史新阶段，尤其新媒体的出现为马克思主义的传播提供了新渠道。这一时期主要是运用传统媒体和新媒体共同推进马克思主义理论的传播。

（1）传统媒体传播

传统媒体主要包括纸质媒体、广播和电视，语言传播也是马克思主义传播的重要途径之一，尤其是口头传播有着无可替代的重要性。口耳相传是中国历来传播信息的重要方式，人们主要通过聆听的方式获取信息。人们通过生活实现成长，在成长过程中不断积累经验，老一辈人将经验传给年轻人，年轻人吸取老一辈人的经验进行生产活动，然后再将已有的经验传授给下一代，就这样一代一代口头描述，一代一代用心聆听，实现经验的传承。

通过印刷品传播马克思主义一直都是极为重要的方式之一。新中国成立后，阅读印刷品不再是知识分子的专利，随着社会的进步和发展，广大人民群众纷纷步入校园，逐渐摆脱了目不识丁的状态，可以顺利阅读与马克思主义相关的书籍、杂志、报纸等。同时国家针对不同阶层的受众印制不同阅读水平的印刷品，比如对于青年学生采用的是较为系统全面的书籍，通过教师的课堂讲授，系统全面地掌握马克思主义相关知识；对于知识水平较低的人采用的是图画和文字相结合的方式，通过阅读文字和观看图片实现马克思主义的传播；对于文化水平较高的人采用的是具有一定理论难度的印刷品，比如报纸、杂志、书籍、论文、外文文献等。

广播是一种承载观点、信息、新闻、娱乐的重要媒介，广播的便携性意味着它在生活中无处不在，在中国广泛流行。广播信号通过电磁频谱传递到中国的每个角落，使声音传输成为可能。通过广播，人们可以了解到在口头传播和书籍中了解不到的内容，广播跨越了时间和空间的界限，将信息传播给广大人民群众。无论在哪一历史时期，广播都是推进马克思主义传播的重要形式之一。改革开放后，广播电台不仅增加了大量的频道、丰富了广播内容，同时为播报马克思主义相关内容增添了趣味性，利用通俗、幽默的语言切实推进了马克思主义理论的传播。

电视节目是声音、文字、图像的完美结合，电视机的出现为马克思主义的传播提供了新路径。马克思主义的传播再也不是单独面对面的口耳相传，或单方面的文字传递，抑或是声音传输。人类摆脱了二维的传播方式，迎来了三维立体式的传播方式，电视机成为最主要的传播媒介，尤其是固定电视栏目的出现，对马克思主义的传播产生了巨大的影响。语言、印刷品、广播和电视虽同为传播媒介，但在相同的条件下，电视的传播内容以及传播效果更为显著、有效。这是因为电视具有极强的形象感、过程感和趣味性，通过形象的、直观的画面和声音，直接向观众展现。电视一经出现便迅速风靡世界，电影、广播、书籍、报纸、杂志都受到了一定的冲击。

（2）新媒体传播

随着科学技术的发展，我们已经迎来了依托新媒体传播马克思主义的时代。运用电脑传播归根结底是利用网络传播，运用手机传播的本质是使用移动网络进行传播。电脑和手机作为传播媒介弥补了传统媒体的不足，在信息及时、快速、广泛传播的同时，实现了信息的交流与互动，改变了传统媒体单向传播的模式，呈现出信息双向传播的繁荣景象。新媒体对于信息传播的影响在于，电脑和手机这两种传播媒介前所未有地提供了信息传播的平台。一直以来，人们已经习惯了一种纵向的传播结构，即上级与下级、领导与被领导的模式，而电脑和手机的出现令我们的横向联系达到了前所未有的高度，它打破了信息传播的局限性。互联网传播和移动网络传播与以往的任何传播媒介都不一样，它们没有边际、不受限制、无法产生操纵全局的中心，使信息的传播不受限制。

互联网的发明是人类通信技术以及媒介传播的一大革命，随着科学技术的变革与发展，互联网已经成为重要的传播媒介。网络传播以计算机通信网络为基础，以计算机技术和网络技术为支撑，以信息化、数字化和网络化为特征，以计算机为载体，进行信息传递、交流和利用。互联网发明于1969年，到现在已经有五十多年的历史。互联网技术已经发生了翻天覆地的变化。互联网最初功能单一、资费昂贵、速度缓慢，而现阶段已发展至功能全面、使用快捷、资费低廉、受众广泛，并且能够满足公众对于传播媒介的个性化需求，实现了信息的共享和传播。

手机最初只是一种通信工具，而智能手机的出现开启了信息传播的新纪元，尤其是移动网络的跨越式发展，实现了手机随时、随地、随性地访问网络，解决了人们遇到的各种难题。目前手机已经成为最主要的传播媒介，任何问题都可以通过手机搜索到答案，任何消息也会第一时间被接收。相对于电脑来说，手机覆盖人群更广、传播成本更为低廉、能更加有效地利用零碎的时间。同时还有最重要的一点——手机的便携性使其应用更为广泛。总而言之，手机的发展空间将十分巨大。

媒介技术的蓬勃发展凸显了技术进步在人类社会发展中的巨大力量，现已逐步渗透到人类生活的各个层面。运用新媒体传播信息使得传播方式由一对一或者一对多变为多对多，传播形式更为多样化，传播渠道更加复杂化，传播内容更加多元化。我们应当更加善于运用新的传播手段，采用传统媒体和新媒体相结合的方式，实现马克思主义大众化的传播发展。

（二）马克思主义理论传播模式的现代转换

当前，我国正处于社会转型和改革开放的关键时期，面临着各种各样的困难和挑战，如复杂多变的国际形势、多元文化思潮的影响、部分人产生"信仰危机"、网络舆论态势亟须引导等。这就要求我们继续坚定马克思主义信仰，熟练驾驭新媒体技术，在此基础上进行马克思主义理论传播模式的现代转换，科学地推进马克思主义中国化、时代化、大众化的进程。

1.转换的可能性

媒介和大众主体性的发展状况直接影响着传播模式的现代转换。近年来，新媒体的发展为马克思主义理论传播搭建了全新的舞台，个人意识的觉醒和大众的主体性诉求为新媒体助推传播模式转换提供了重要依据，成为传播转换的动力和牵引力。

（1）新媒体成长

新媒体的重要发展地位在国家"十二五"规划中首次被确认，并在"十三五"规划中得到充分重视。"融合发展"是国家对新媒体提出的最新要求。新媒体的成长主要体现在以下几个方面。

第一，新媒体技术的丰富。以IPv6为核心的新一代移动互联网技术的出现，微信微博等社交工具的兴起，基于海量信息存储、计算和处理的云计算技术、新一代浏览器界面HTML5技术、二维码技术、语音识别技术、物联网技术等，在丰富新媒体形式的同时，也促进新媒体向社会其他领域不断渗透。随着技术的发展，新媒体逐渐形成以手机应用、平板电脑、无线传输等各种形态为表现形式的平台。丰富的新媒体技术运用打开了社会变革的大门，不仅为社会生活增添可能性和活力，也为大众化传播的发展注入"强心剂"。

第二，新媒体覆盖人群越来越广。人们对新媒体新颖的表现形式日趋喜爱，需求也日渐增多。新媒体的沉浸度和用户黏性不断加深。据中国互联网络信息中心（CNNIC）报告显示，截至2020年3月，我国网民规模为9.04亿，互联网普及率为64.5%。手机网民高达8.97亿，较2018年年底新增手机网民7992万，网民中使用手机上网的比例为99.3%，较2018年年底提升0.7个百分点。[①]在当代中国，线上与线下的密切结合，催生出众多优秀的互联网企业，推动了人们的消费和获取信息的方式向共享化和便捷化发展。移动互联网的高渗透度，客观上也提出了大众化传播的新要求。占领移动互联网的舆论阵地，引导人民群众的信仰追求，已经成为马克思主义理论传播在新媒体时代的紧迫任务。

第三，新媒体的发展前景和应用优势。国家"十三五"规划明确指出，要加强新媒体建设，促进媒体融合发展，同时规范媒体秩序，提高传播能力，体现了国家为新媒体的发展提供了政策性的全面支持。我国的新媒体发展前景十分乐观。新媒体作为一种新型信息传播介质，不仅对传播产生重要影响，对整个社会生活内容的丰富、方式的完善也有重要意义。不仅如此，它还对人们的日常思维、生存技能、创意生活产生重要影响，改变着整个社会的运行态势。从通信工具到交通网络，从论坛发言到自由交友，从被动获取信息到主动浏览甚至智能化推荐，新媒体已经全方位地融入人们的生产、学习、生活、工作中。在学校，老师不再拘泥于黑板、粉笔的传统教学，而是采用新式的多媒体教学，甚至有些领域已经引入最新的VR视频教学实验。"滴滴打车"改变了以往打车难的问题，网络购

---

① 第45次《中国互联网络发展状况统计报告》（全文）_中共中央网络安全和信息化委员会办公室[EB/OL].http://www.cac.gov.cn/2020-04/27/c_1589535470378587.htm.

物方便人们在家挑选商品，这些新媒体技术的应用都在潜移默化地改变人们的生活方式。相关产业也受到新媒体发展的带动，产生了巨大的经济效益，如手机阅读的付费化和精品化。新媒体成为引领潮流的先驱。

第四，促进媒体融合发展。新旧媒体的鲜明对比，看似是新媒体欣欣向荣、一片繁华，传统媒体日渐式微、生命力不再，实则并不如此。厚重的历史积淀、权威的理论解读等独特的优势，使传统媒体在新媒体时代既能创新其自身的表现形式，又能够继续展现其独特魅力。新老媒体并不是矛与盾的关系，而是子弹与枪的关系。传统媒体在内容上的权威性和理论深度，正好与新媒体时代这一"利器"相结合，"内容+形式"的完美结合，为大众化传播的蓝图再添新墨。因此，真正实现"新老"结合，发挥各自平台优势，共同助力马克思主义理论传播，是新的发展态势。

（2）大众主体性的诉求

在当今社会，马克思主义理论不断发展，人民群众的认知水平有所提高，并对掌握更为科学的马克思主义理论有了更强烈的需求，主要表现在：个人意识的不断觉醒，自我意识逐渐加强，越来越倾向于自我反省、自我控制以及自主选择。人们对自身状况能够有比较客观的认识，如对自身缺点的认知，对未来发展的规划、对行为效率的追求、对创新理念的发展等。这些都可以视为人民群众在自我意识、主体性发展等方面的体现。提高了、发展了的主体，在接收信息时，不再是机械地全盘照收，而是理性审视、辩证看待；在接收方式上，反感独话，要求平等对话。理性、批判、平等、对话，这都契合了新媒体的特点。

大众主体性的觉醒、新媒体的成长，为马克思主义把握时机、顺应潮流，把先进的思想、理念以新的形式、新的表达方式传播给人民群众，占据人民群众的信仰高地和思想阵地提供了可能。而人民群众也只有在新媒体环境下，才能改变被动接收信息的局面，转而成为信息的传播者。只有在交流互动的过程中，才能真正提升自己，解决思想困惑和实际问题，进而获得更大程度的自由；只有人民群众自觉、理性、有序地参与到传播中来，才能形成民主、开放、创新的传播环境，进而推动马克思主义理论传播的健康发展。

　　成长了的主体性不仅为大众化传播的现代转型提供了可能，同时也提出了新的要求，即必须将人们精神方面的时代诉求和个人的信仰追求纳入马克思主义理论传播模式的研究中，使人们能够自主、自愿、自由、平等地参与到马克思主义中国化、时代化、大众化的过程中来，发挥个人的积极性和聪明才智，汇聚每个人的力量，如此才能聚沙成塔，将无数微小的力量凝聚成磅礴之势，最终形成健康有序、积极开放的马克思主义理论传播潮流。

　　2.转换的方向性

　　传统媒体语境下的马克思主义传播有很多成功经验值得继承和借鉴，但是这种继承和借鉴不能是照搬照抄，而是必须根据变化了的时空背景、新媒体的普遍运用，进行"开疆拓土"式的创造性转化。这就涉及转化的方向性问题。

　　（1）传播主体：从精英化到大众化

　　"精英"是早期马克思主义理论传播的中坚力量。不论是近代以来以李大钊等为代表的知识分子，还是在新中国成立后的历代国家领导人，都属于知识精英范畴的传播主体。除此之外，党员干部、大学教师、理论工作者也都是大众化传播的中坚力量。相对而言，"草根""大众"在一定程度上是"缺席"的。这种缺席也与马克思主义大众化的本义相背离。因为大众化的本质是"化大众"与"大众化"的有机统一，大众的缺位不仅不利于大众化的发展，也在一定程度上弱化了"化大众"的效果，由于大众与知识精英在思维方式、理解能力方面存在差距，注定了运用精英化的表达体系会导致内容无法为大众理解、认同，甚至有些内容会被大众误解。新媒体的迅速成长、大众主体意识的增强，客观上提出了传播主体优化的任务，即在保持精英主体的同时，重视人民群众在大众化传播中的主体作用。在党的十八大召开的过程中，网络在新闻传播中起到了非常重要的作用。不同于以往的官方媒体自上而下传播的主流方式，民众在移动端获取信息并把自身作为信息发布者，这种传播形态也从侧面反映出传播主体向大众化转换的趋势。

　　传播过程中，最根本的参与者是人民。如果参与到传播中的仅仅是政治家和部分理论精英，那么就不是真正意义上的大众化传播。一些党员或群众存在这样一种误区：认为所谓的马克思主义大众化仅仅是党中央的精神传达和理论宣传，属于精英阶层的话语领地，这就从角色层面将自身列为大众化传播的"旁观者"，这种认识是错误的。实现"精英+大众"的主体构成可以不断扩大参与层次。人民群众在大众化传播中，不能仅仅被当作信息的被动接收者和被教育者。同时我们应采取各种措施不断丰富人民群众作为主体参与传播的形式，鼓励和支持人民群众在传播过程中实现自身的价值，形成群众积极掌握、积极传播、积极运用的传播局面。

（2）传播内容：从宏大化到生活化

在理论建构及其传播中，始终存在一种倾向，即传播内容比较宏观，经常出现"事关国家前途命运"等表述，这不仅会产生距离感，更容易造成人民群众对这种"宏大叙事"体系的敬而远之。早期马克思主义传播的主要目的是为了救亡图存。新中国成立后，马克思主义传播主要是为了巩固政权。改革开放后，马克思主义传播主要是为了占领意识形态高地。与宏大叙事相反，马克思主义理论传播与人民群众的生活息息相关，如衣食住行，但是对相关传播的关注度则不够，如对一些社会负面问题经常避而不谈，不能够对细微的现实问题进行科学而有力的解答，这就无法掌握人民群众的内心。人民群众的内心，诚然缺少不了理想信念，但是生活中的油盐酱醋、锅碗瓢盆以及自身居住条件和现实发展才是普通人民群众的生活目标。马克思主义理论传播的内容转换必须对人民群众真正关心的问题进行回应和关注，这也体现了马克思主义理论传播的内涵以及马克思主义理论的宗旨。

与新媒体发展并重的是社会微观力量的迅猛发展，他们成为叠加在宏观力量之上的另一种社会控制力量。基于这种变化，大众化传播就要落实、落细、落微，即传播内容生活化。其一，要用大众语言传播理论。马克思主义理论的大众化传播就是将学术气息浓厚的理论转化为平民化的生活语言。只有人民相信、接受、感同身受传播内容，才能催生出巨大的精神引导力。其二，使用普通民众的语言风格和内容建构，是掌握群众的重要前提和本质要求。用群众听得懂的日常用语、生活道理等来讲清楚马克思主义理论，既能增强理论的感染力，也能减少理论的学术化气息和疏离感。列宁指出："最高限度的马克思主义=最高限度的通俗和简单明了。"[①]理论必须转化为普通群众能够理解并领悟的语言，只有通俗易懂，才能贴近群众；只有便于理解，才能发挥作用；也只有回到群众身边，才能发现真正的马克思主义。

（3）传播方式：从单一化到多样化

以纸媒为代表的传统传播是单一向度的，缺少互动和反馈，人们只能从印刷品上获取信息，信息的反馈则更为迟缓甚至稀缺。而以政治宣传和思想灌输为主要内容的单向度传播，又会给人民群众以高高在上的感觉，产生对理论的疏离感，传播内容也会入耳不入心，弱化了传播效果。以党的十八大以来关于国家政策的传播为例，越来越多的专家学者入驻自媒体平台，在微博、微信公众号和自媒体平台上实名注册账号，以自身专业的理论素养，以简洁明朗、通俗易懂、图文并茂等方式，向公众传达或解读关于社会民生、改革愿景等方面的重要政策和文件精神。

从本质上讲，只有理论存在多元解读，在生活中具有多种表达形式，传播方式才能相应发生变化。以多样化的传播方式传播马克思主义，运用新媒体的相关技术，保证在任何时间、任何地点都能够将马克思主义理论的有关信息向群众传播，渗透到人民群众的生活之中，全方面地融入多样化的文化生活里，才能真正达到"润物细无声"。在当下的传播环境中，传统媒体并没有没落，而是以一种新的方式与新媒体融合发展，过去的报纸、广播、电视，与现在的手机、互联网、各种各样的App相结合，内容与表现形式完美融合，提高了年轻人使用互联网获取信息的兴趣，这就为大众化传播提供了范例。近年来全国两会期间，几乎都可以视为互联网和现实社会的"成功呼应"和"思想交汇"。可以想象的是，未来的3D全息投影技术和人工智能技术的运用，将会为人们获取大众化信息架起"高架桥"。媒体的全方位覆盖，使政策能够实时地进入群众的眼、耳、脑中。以多样态进行大众化传播，以不同的文化形式对理论进行多样化的呈

---

① 列宁全集（第36卷）[M]．北京：人民出版社，1959：467.

现，全方位、多层次地满足各类人群获取信息、学习理论的需求，这将成为传播模式转换的方向之一。

（4）传播效果：从外在化到内在化

"只顾传播，不顾实效""完成任务的心态"都是不可取的。只有重视传播效果，才能倒逼传播模式的转换。如何重视传播效果，需要从衡量指标着手。就传播效果而言，有外在化和内在化两个衡量指标，其中内在化是根本，即运用传播媒体向大众传播马克思主义的过程，也是马克思主义通达大众内心深处，为大众所理解、掌握、接受乃至践行的过程。对此，我们可以进一步从主体、对象和实际影响等三个角度予以把握。从主体看，效果内在化体现在马克思主义理论的大众化传播已经达到了实际效果，如加强了党和人民的联系，凝聚了人民群众的精神力量，化解了社会的冲突矛盾等。从传播对象看，人民群众运用理论指导生活的意愿是内在化的体现之一。从实际影响看，大众化有没有解释和解决现实存在的重大问题，有没有为社会发展提供科学理论，有没有在传播过程中完成自身使命，也成为传播效果内在化的重要标志。关于雄安新区的新闻传播是大众化传播效果内在化的典型案例。在党中央国务院作出建立雄安新区的重大战略决策以后，人民群众掀起了讨论高潮，对雄安新区的各种见解、未来的规划解读、新区的战略意义和历史定位等都展开了非常深入持久的研究讨论，从个人到集体，从自媒体到官方媒体，所产生的内在化传播效果非常显著。

很显然，内在化的传播效果是我们的诉求，但是内在化是有条件的，条件之一是平等对话。受众的认知结构、以前的思想观念总要参与到新的思想观念的形成过程中。在这个过程中，只有新旧的认知和思想能够进行有效的沟通，充分对话，即时反馈，新的思想才能落地生根。早期的书报传播、户外标语传播、之后的广播电视等传统媒体传播，总体上都是一对多的单向信息传递，不具有多对多的传播优势，而且这种单向传播是先入为主的，自上而下的，硬性灌输的。理论强制灌输无疑是必要的，但是其疏离了大众的独立思考，缺少了与受众思想的对话交流，难免会造成传播效果的外在化。新媒体的广泛参与性、即时互动性等特点，为传播效果由外在向内在的转换提供了条件。

"每个时代总有属于它自己的问题，准确地把握和解决这些问题，就能够把人类社会不断推向前进。"①社会发展日新月异，实践亟需马克思主义理论的创新解释力和科学预测力，理论对社会问题的解释则是通过具象化的语言和话语体系实现的。从现在学校的"微课堂思想教育"，到"全员全课程的思政教育"，再到社会上的理论解读、思想汇聚甚至学术论坛的频繁举办，都在点与面之间渗透进人们的思想阵地，灌溉着信仰良田。新媒体的介入，不仅使大众化传播从效率和数量上得以迅猛提升，更为马克思主义理论的大众化传播带来质的提升。越来越便捷的信息"内容产生—接受理解"过程，越来越智能化的"选择性推送"都在某种程度上指引着大众化传播跨时代的方向转换。马克思主义理论大众化传播模式中的主体、内容、方式、效果的转换，体现在运用新媒体对现实社会中存在的问题进行正面回应，使得马克思主义理论的大众化传播模式在未来变得极具开拓性。

二、新媒体时代马克思主义理论传播的现状分析

当代中国，政治经济文化等领域的建设已经取得了突出的成就，大众的生活水平显著提高，对精神文化也提出更高的要求，为马克思主义理论传播奠定了基础。新媒体凭借在传播范围、传播影响力、传播速度等方面的突出优势，受到了大众青睐。新媒体为我们带来诸多便利的同时，也出现了一些我们无法回避的问题。在新媒体的爆炸式发展过程中，其发展的途径和方向可能是杂乱的、无序的，甚至是与建设中国特色社会主义事业相背离的；在其不断丰富群众日常生活的同时，也可能会掺杂一些不利于社会主义精神文明建设的消极内容。马克思主义理论传播不同于一般的理

---

① 中共中央文献研究室编.十六大以来重要文献选编（下）[M].北京: 中央文献出版社, 2008: 462.

论传播，在传播时应更加谨慎。利用新媒体进行马克思主义理论传播，要坚持以辩证的视角来看待传播发展的全过程，既要看到新媒体为马克思主义理论传播带来的机遇，肯定利用新媒体进行马克思主义理论传播的阶段性成绩，又必须认识到新媒体所带来的挑战，深入剖析新媒体在马克思主义理论传播中存在的问题及其成因。

（一）利用新媒体进行马克思主义理论传播取得的成绩

1. 新媒体拓展了马克思主义理论传播的覆盖面

新媒体是人类传播媒介发展的最新形态，它结合了移动通信和网络传播的特点，借助多种移动终端进行信息的传播，极大地缩短了信息的传播时间，提高了信息传播的时效性。运用新媒体进行马克思主义传播，可以随时发布新鲜的内容，及时更新，并且达到即时传播的效果。受众借助新媒体可以第一时间接收到马克思主义的相关内容，而不再像过去只有在思想政治理论课的课堂上，或者登录一些官方网站才能获取信息。新媒体的操作方便快捷，通过手机移动终端便可进行实时操作，并且便于随身携带，使马克思主义理论信息的传播可以突破时间和空间的限制。

新媒体是一个信息共享的即时交互平台，依托于独立的个体用户展开交往互动，并借助于各种链接形式以形成强大的关系网络平台。借助平台，个人既可以发布信息又可以接收信息，而且面对同一信息时，个人既可以是接收者又可以是传播者，个人与个人之间由此发生关联并产生互动。从这个意义上说，每一个用户都可以成为新媒体交互平台中的某个节点，每个用户都会形成以自我为中心的信息传播网络，这些规模各异的传播网络交互连接、不断覆盖，形成了一个全面开放的信息共享的互动平台。在新媒体传播过程中，任何信息只要有足够的用户进行信息的接收并分享，通过极其便捷的复制、分享、转发等功能，便可以将这一信息的传播范围以几何级数的速度扩散，具有极高的有效到达率和接受率。将新媒体运用于马克思主义理论传播的过程，新媒体强大的交互传播模式可以极大拓展马克思主义理论传播的覆盖面，并将新媒体用户囊括于马克思主义理论大众化传播重要对象的范围。①新媒体受众也是不容忽视的。我国新媒体用户以年轻人居多，一直以来都是我国马克思主义大众化的重要传播对象，因此，加强马克思主义的新媒体传播力度，增强马克思主义理论大众化的传播力度具有重要的战略意义。

2. 新媒体增强了马克思主义理论传播的效率

与传统媒体的单向强势传播不同，新媒体具有双向互动传播的特点，受众可以随时随地向传播者进行信息反馈，受众也可以与传播者进行沟通交流、交换意见，实现双向互动。新媒体是集人际传播、群体传播与大众传播等多种传播形态为一体的传播模式，具有全面性和互补性的传播特征，在具有大众传播功能的同时兼具社交性。现实生活中的人际关系能够在新媒体平台上得到进一步的交流，如微信朋友圈是用户通过QQ账号、手机号码甚至地理位置锁定等方式添加好友，将现实生活中的人际关系联络成一个朋友圈，用户间可以随时进行文字或语音的交流。通过微信、微博等新媒体关注我国官方主流媒体或政府相关账号，受众可以与传播者进行朋友式的平等交流，这种互动传播能够增强马克思主义传播主体的亲和力。在新媒体传播中，人们会就同一个话题或兴趣点形成各种各样的"圈子"，"圈子"中的人对共同话题展开讨论并相互交流，能够使受众对相关内容进行更深层次的理解和把握。因此，使用新媒体进行马克思主义理论传播，充分利用新媒体交友圈和话题圈的特点，将分散的受众通过一个共同话题而汇聚到一起，互相讨论、交流，有利于增强人民群众对马克思主义大众化的认同感，提高受众获取信息的积极性，并在自我参与讨论的过程中自觉接受并主动学习马克思主义的相关理论。

3. 新媒体塑造马克思主义理论传播的新形象

在传统媒体时代，马克思主义理论传播通常采取自上而下的灌输方式，主要通过学校教育、党报党刊或官方媒体来宣传马克思主义，传播形式较为单一，严肃的政治话语给人民群众造成一种不近人情的感觉，使人民群众在接受马克思主义的相关内容时往往带有一种排斥和抵触的情绪，

---

① 李正良.传播学原理［M］.北京: 中国传媒大学出版社, 2007: 232–233.

这在很大程度上阻碍了马克思主义理论传播的深度与广度。新媒体传播能够有效地消除人民群众的心理障碍，有助于重新塑造马克思主义在当代的新形象。新媒体的传播形式丰富多样，可以通过文字、图片、动画、音频及视频等形式进行信息传达，这些传播形式可以任意组合并创造出不同的传播效果。在马克思主义理论传播过程中，引进新媒体丰富多彩、生动有趣的传播风格，能够给受众一种耳目一新的感觉，平易近人的传播形象也让人民群众产生亲切感。现阶段，我国已经有许多马克思主义宣传主体开通了微信公众号，如求是网、光明网、"理论视野"等专门研究和宣传马克思主义理论的媒体，如中共大连市委党校、北师大马克思主义学院等专业研究机构。关注"求是网"微信公众号，会收到这样的文字回复："欢迎关注求是网微信平台，我们邀您一起聊聊理论那些事。"语言轻松有趣，富有生活气息，把理论学习当作日常聊天一样，理论宣传也不再是强势灌输，而是像朋友间的相互交流。求是网微信平台每日向受众推送资讯，包括新闻报道、热点评论、理论学习专题、人物传记等内容，而且经常开展有奖竞答活动与受众互动。新媒体理论宣传形式多样、内容丰富，表达深入浅出、轻松有趣，为马克思主义理论传播塑造了既深刻严肃又平易近人的新形象。人们通常对于自己亲身参与的事情会格外关注。新媒体的全民参与有助于大众加入马克思主义大众化的过程之中，并积极主动地获取相关信息和提供反馈，极大地增强了马克思主义的影响力和公众认同感。

4.新媒体加强了对马克思主义理论传播的舆情引导力度

新媒体作为重要的传播媒介，在进行马克思主义理论传播时更灵活。由于新媒体自身具有信息传播速度快、范围广、传播双向等特点，为进行舆情引导提供了有利条件。马克思主义作为我国长期以来的指导思想，在丰富人民群众精神世界、提高人们认识世界和改造世界的能力方面意义重大。新媒体的变革已经突破了原有的传播方式，每一个人都可以是信息的发布者，可以随时随地发布信息，因此从信息传播的源头进行信息的监管就显得尤为重要了。通过对信息传播的内容、方向、主题进行积极的引导和监督，使信息传播能与主流意识形态紧密结合，也更有助于当代中国马克思主义大众化的传播与发展，积极向社会、人民群众传递正能量。

（二）新媒体时代马克思主义理论传播存在的问题

1. 马克思主义的价值认同趋于多样化

新媒体时代，我国正处在改革的攻坚期和深水区，导致社会发展所带来的负面问题更加复杂化，社会上各种思潮涌动，冲击着大众对马克思主义的价值认同。由于经济的高速发展，导致人们长期处在利益关系无法协调的矛盾中，社会中存在一种广泛的心理不平衡感。这种不满和失落的心理不断滋生，且无法得到有效排解。新媒体的出现，成为整个社会的"疏压器"。在新媒体传播模式下，当前社会当中的一些不公平现象一旦被曝光，便会引发铺天盖地的社会舆论，每个人都可以对事件发表看法，有些人甚至以此作为个人情感宣泄的重要途径，对社会造成极其负面的影响，甚至会导致人民群众对党执政能力和政府公信力的质疑，从根本上就动摇了人民群众对马克思主义内在价值的认同与信仰。

在这种情况下，如果马克思主义中国化的最新理论成果不能代表人民群众的根本利益，不能调节社会矛盾、促进社会的公平正义，它就无法在这个时代为人们提供思想信仰，深入开展马克思主义理论传播的任务也很难完成。当前，马克思主义大众化、中国化、时代化三者相互包含，协调发展，旨在发挥合力作用并成为广大人民群众的普遍信仰。新媒体时代，我国马克思主义理论传播过程中存在的问题是马克思主义理论传播脱离实际，不符合时代发展的现实需要，无法表达人民群众的现实诉求，由此导致人们对马克思主义的价值认同出现危机。

2. 马克思主义理论大众化传播的内容及形式与大众需求不符

从传播内容上看，在马克思主义理论传播过程中普遍存在着传播内容脱离大众生活实际需求、缺乏时代感、传播学术化等问题。随着市场经济的不断深入，人们个性化发展的思想和行为得到了最大程度的释放和张扬，也致使大众对学习马克思主义的需求发生变化。大众对于马克思主义的需求因不同的年龄、职业、地域而大不相同。新媒体作为新兴的传播媒介，在我国发展的时间较短，传播者对利用新媒体进行信息传播的认知仍存在不足。尤其对于马克思主义理论大众化的传播，传播者没有充分认识到其传播的特殊性所在，导致了传播者无法掌握受众对马克思主义真正的诉求，忽视了受众需求的差异性。

就目前情况来看，一方面，在大量的文献资料中，虽然介绍马克思主义的著作和资料数量较多，但与民众需求相符、大众化的资料较少，现有的资料大都偏向于学术化，导致那些文化水平不高、偏远山区的群众无法真正地了解马克思主义的内涵，更谈不上去运用它。同时，马克思主义理论传播的内容往往脱离群众，缺乏对人民群众理解能力差异的了解，导致理论传播严重缺乏实用性和指导意义，因此不能吸引大众的注意力，更谈不上被接受和认同。另一方面，从传播的语言来看，语言是传播内容的工具，再好的理论如果未经过加工润色，即使用恰当的文字表达出来，也会极大地影响传播效果。新媒体的迅速壮大已经在自身内部形成了一套独特的话语体系，这套话语体系与传统媒体所使用的那一套刻板、严肃的说教式话语相比有着巨大的区别。例如，在新媒体广泛使用的过程中，许多网络词语应运而生，生动形象地传达着深奥难懂的理论知识，广受大众青睐。而大多数传播马克思主义的专业网站，还在用呆板的语言或特定模式的语言对马克思主义进行阐述，整个传播过程缺乏新鲜感，使人感觉枯燥乏味。因此，在这种生动形象的新媒体大环境中，马克思主义理论的传播显得格格不入，缺乏时代气息，不具备内容和语言上的优势，因而无法吸引普通大众的注意力，同时也无法满足大众的实际需求，导致一部分人不愿意继续或主动学习。

3. 马克思主义理论传播对新媒体技术优势的利用不足

新媒体凭借速度快、范围广、信息量大等特征，在进行信息传播时优势突出。新媒体具有诸多的表现形式，如可以通过网站、论坛、电子杂志、户外电视等终端进行信息的传播。尽管新媒体优势明显，但其并没有在马克思主义理论传播的过程中得到明显的体现。首先，人们对于传播媒介的选择，必须要符合自身需求，并不是所有的信息传播都以新媒体为媒介，也存在一部分人仍愿意将传统媒介作为获取理论信息的主要渠道，不同的人群接收信息的方式也存在差异性。其次，大部分人将新媒体作为休闲娱乐的途径，例如，玩游戏、看电影、聊天等，也有一些人上网是为了浏览新闻，而那些专业理论网站却鲜为人知。可以看出，大众更加注重利用新媒体满足其自身的娱乐需求。最后，新媒体在传播马克思主义大众化过程中，尽管有专门的理论宣传网站、论坛等对马克思主义相关理论进行传播，但由于大多为对书籍内容或相关文献的集中收录，导致其传播内容深奥枯燥，无法吸引读者主动阅读。多数马克思主义理论网站仅扮演信息发布平台的角色，缺乏有深度、有思想的观点，导致真正浏览此类网站的人较少；虽然已建立网络资源库，但真正有价值的资料较少；由于网络的链接功能，导致许多网站内容雷同。由于商业网站在信息传播方面更有敏锐性，使网站自身在进行信息传播时更新速度更快，内容更新鲜，更能博得大众眼球；而大部分的马克思主义理论网站仅以学术交流为目的，在传播内容和形式上无法吸引受众目光，导致受关注度较低。

4. 新媒体对马克思主义理论传播领域的关注度不高

新媒体的关键技术主要在于图文处理技术，其中文字、图形和构思的选用是图文处理技术的核心；借助三维建模技术，可以实现对现场实景的模拟展现，使宣传效果更具说服力。现阶段，新媒体在进行马克思主义理论传播时，信息传播的形式和内容多样化，传播效果更加突出，其时代性特征也更加明显。马克思主义是科学的理论，是在思想上和实践中指导人们不断进步的理论，马克思主义理论大众化是促进时代发展与社会主义核心价值体系建设的重要举措。新媒体作为当今重要的传播媒介，对马克思主义理论大众化传播的关注度不够，致使马克思主义理论在传播中出现大量问题。大部分马克思主义理论网站仍坚持进行单一的理论叙述性普及，忽视传播媒介的作用，没有借助现代化的传播手段来改善现状，其存在的意义仅限于学术交流与资料检索，宣传内容大多深奥枯燥，缺乏对受众偏好的考虑，仍在进行传统的灌输式的理论传播，导致大众在浏览网页或选择电子出版物时，失去阅读兴趣。尽管新媒体在信息传播领域的技术不断完善，但对马克思主义理论传播的关注度明显不高，在进行信息传播时只是创新了传播手段，而语言的风格、传播内容仍然一成不变，没有图文并茂的画面感，使受众不愿意继续关注。

5.新媒体时代马克思主义意识形态安全问题凸显

（1）马克思主义意识形态实现其主导地位的过程受到影响

首先，新媒体传播过程的开放性和互动性影响了马克思主义意识形态实现其主导地位。在新媒体时代到来之前，与以往的传播模式相对应，国家形成了从顶层社会到底层社会的信息筛选方式，通过控制媒体作为信息筛选过滤的"把关人"，对不适应当前意识形态的信息进行了剔除，有效地防止了危害马克思主义意识形态的不良信息传播。新媒体的发展对此造成了很大的挑战：新媒体的传播过程具有开放性和互动性位；每个个体都可以自由地表达自己的观点、传播自己的信息，同时在新媒体传播过程中每个个体都具有一定的虚拟性以及隐蔽性，这就使得传播者不再敬畏法律、道德，可以任意地传播曲解后的马克思主义意识形态甚至是反马克思主义意识形态。以上两点原因使得马克思主义意识形态的主导地位极易受到敌对势力的攻讦。由于技术的限制，目前我国的"把关人"制度还不能完全做到对媒体传播过程中所有不良信息进行过滤，还存在一些"法外之地"。

其次，西方资本主义意识形态借助新媒体以更隐蔽的方式企图渗透到我国意识形态领域之中。社会主义新中国诞生至今，西方资本主义国家从来没有放弃过对社会主义制度的围追堵截，妄图"和平演变"。我国网民规模庞大，这为敌对势力进行意识形态渗透提供了绝佳的受众基础。西方资本主义国家凭借其在传播媒介上的技术优势，牢牢把握新媒体传播领域的制高点，在新媒体上霸道地以更隐蔽的方式传播他们所谓的"民主""自由"观念，传播不适合中国国情的资产阶级意识形态。一部分不具有明辨是非能力的受众因此受到蛊惑，一时间，拜金主义、享乐主义甚至反马克思主义的观点或言论纷纷在新媒体中出现，对受众的思想产生了潜移默化的影响，对马克思主义理论的传播造成了不可忽视的冲击。

最后，新媒体传播过程中的环境较为复杂，容易形成虚幻的"观点自由表达权"。新媒体技术发明于西方，这种本质特征使得新媒体并非完全中立、不带任何政治色彩，其本身更倾向于资本主义意识形态，所以传播媒介也可以被认为是意识形态的一种表现形式。在新媒体传播过程中，每一个受众都可以自由地表达、反馈自己的意见，受众之间的互动促进了信息本身的发酵、膨胀。表面上在反馈和互动的过程中维护了受众的"观点自由表达权"，实际上这种权利是虚幻的、有害的。在新媒体传播过程中，有一部分言论、信息并非是经过受众的客观、理性分析得出，往往都是由一些虚伪的"公知"加以鼓吹、传播。这些"公知"往往都是披着"自由""民主"的外衣，实质上被敌对势力操纵。"公知"们故意放大社会矛盾，让受众参与反馈评价的过程，使得受众被蛊惑，形成虚幻的"观点自由表达权"，借此冲击马克思主义意识形态。

（2）"把关人"对传播过程中舆情的监管难度增大

由于广泛使用新媒体传播，除了在报纸刊物、电视媒体形成马克思主义理论传播的主要阵地即官方阵地以外，还形成了贴吧、微博等以新媒体传播为基础的民间传播阵地。传统的民间传播阵地受到空间限制，影响力比较有限。而新媒体时代的社会信息及舆情力量强大，影响到整个社会。依托新媒体传播，社会事件暴露在民众的视野下，社会舆情推动了事件的发展。社会舆情如同一把"双刃剑"，一方面使得民众对于政府的监督更加有效，促进了社会民主政治建设；另一方面也带来了负面的影响。新媒体时代的社会舆情改变了传统的舆论环境，冲击了原有的"把关人"对社会舆情治理、管控的机制。这就进一步造成了"把关人"对于社会舆情的监管不足。

新媒体成为社会舆情，特别是重大事件舆情的生成地与扩散地。重大事件发生以后，"把关人"不能保证在第一时间获得全面的信息，从而客观公正地对相关事件进行报道、传播。除"把关人"之外，每个个体都是信息的传播者，能够对重大事件的相关信息进行加工并传播至世界各个角落。但是，一般民众在加工相关信息的时候，未经过系统的新闻培训，缺乏足够的客观性，容易受到自身喜好的影响，加之在传播信息的过程中几乎不受法律法规的限制，可能导致信息在传播过程中背离原来的真相，出现失真，最终形成谣言。另外，在传播过程中，一些民众的情绪比较偏激，表现出激进的态度。以上原因可能导致舆情被"绑架"，使事态朝着不利于"把关人"的方向发展，加大了"把关人"对于舆情的管控难度。

（三）原因分析

1. 马克思主义理论传播者的综合素养有待提高

新媒体时代是一个人人都是记者、人人都有麦克风的时代，在这个时代每个人都可以通过移动终端自主地选择、编辑和发布自己感兴趣的信息，这种新兴传播形式完全打破了传统媒体对信息源的垄断。马克思主义传播者是大众化传播的源头，其专业素质对信息传播质量影响重大。首先，马克思主义是一个博大精深的思想理论体系，深入理解并掌握其内涵是一项艰巨的任务，也对传播者也提出了更高的要求。作为理论传播者，不仅要具备扎实的理论素养，还应具备良好的计算机操作能力与媒介素养。现阶段，多数传播者只具备马克思主义相关理论知识，而不懂新媒体的技术操作和媒介使用，导致人才单一化。同时，也有一些传播者在实际的理论传播过程中，没有深入实践，无法了解大众的实际需求，只是照本宣科地进行理论灌输，对社会热点问题关注不够、不能做到将马克思主义理论与大众关注的热点事件建立联系，深入分析；还有部分传播者自身都质疑马克思主义理论的科学性，无法认识到借助新媒体进行马克思主义理论传播的意义所在，对其认识仍处于初级阶段。

2. 忽略受众使用新媒体的偏好

马克思主义理论大众化传播最关键的环节便是马克思主义理论可以被人民群众所接受，并内化于心，外化于行，指导人们在认识世界和改造世界的过程中发挥重要力量。传统的马克思主义理论传播过程中，传播主体和受众之间具有明确的主次关系，传播者占主动，受众处于从属，传播主体对受众进行强制性的理论灌输。新媒体时代，通过网络，人们可以根据自己的喜好进行信息的选择，突出其个性化特征。在进行马克思主义理论传播时，传播者单向进行理论灌输，没有充分考虑受众的媒介偏好，是工作不够细致的表现。对于青年人而言，其群体的特征就是愿意大胆创新、勇于挑战，该群体对新媒体的传播更加关注，可以借助新媒体对该群体进行马克思主义理论传播；对于老年人而言，其群体特征是观念相对比较保守，对新鲜事的学习和感知能力较弱，习惯于借助传统媒体接收信息。青年人和老年人是比较具有代表性的两个群体，对这两个群体进行马克思主义理论传播时应首先考虑不同群体之间的差异，不能一概而论；与此同时，也应考虑到影响传播效果的其他因素，如学历、兴趣、性别、职业等的限制，这都将对马克思主义理论传播的媒介偏好产生影响。新媒体的出现使阅读更加便捷化，更多的人愿意在闲暇的时间使用手机等进行阅读。阅读碎片化虽然可以有效利用时间，但由于阅读的方式过于随意，不利于对知识的细化。伴随着阅读习惯的变化，大众的阅读心理也在发生变化，新鲜刺激的消息更能吸引大众，而深刻、严肃的阅读内容则无法激发受众的阅读兴趣。阅读方式的碎片化和"快餐"化，忽视了对所看的内容进行思考，滋长了思维惰性，在这样的阅读习惯下很难去品读经典原著和理论书籍。

3. 关于新媒体传播的相关法律法规不健全

法律法规是治理新媒体传播过程中产生种种乱象的最有效手段，具有绝对的强制性和权威性。新媒体作为新兴传播工具，发展迅猛，在信息传播领域具有举足轻重的作用，对国家的影响越来越大。但是，国内对于新媒体的研究却明显跟不上新媒体迅猛发展的势头，不能为新媒体的良好发展提供更好的理论支撑，更不能为新媒体的发展提供更有效的前瞻性设计、构想，导致新媒体的发展呈现出"一只脚"走路的尴尬局面；在现实社会中，还停留在出现问题解决问题、边发展边研究边解决的层次，还尚未达到完全预防性控制阶段。到目前为止，国家已经出台的法律法规主要有《全国人大常委会关于维护互联网安全的决定》《中国互联网行业自律公约》《信息网络传播保护条例》等，还有一些散见于各种新闻报道中关于治理新媒体传播问题的讲话，如《习近平论新媒体建设的"四个重点"》《习近平谈新媒体如何讲好故事》等。和国外发达国家在相关领域的立法相比，国内新媒体传播的法制建设还不够全面、还显得落后、缺乏可操作性，不能很好地应对各种新情况。新媒体传播技术的更新发展迅猛，新问题持续出现，这些新问题在相关立法实施之初就已经变成了老问题，立法的节奏自然相对滞后。另外，有关新媒体的一些问题错综复杂，牵扯面较广，相关问题没有处理先例，要通过立法完全解决这些问题还不够现实。例如，新媒体传播过程中开放自由的特点决定了每个个体在舆情讨论中享有自由的权利，但是舆情的过度开放、自由的讨论又会导致社会舆情泛滥、产生不负责的言论。通过立法规范社会舆情，要做到在保证不损害公众自由参与讨论的前提下，防止有害舆情、谣言的产生、传播，这对于立法者来讲有一定的难度。

4．"把关人"角色的发挥受到阻碍

根据传播学的基本理论，政府充当信息传播的"把关人"角色，从信息产生的源头审查信息，过滤不适当的信息，营造良好的舆论环境。这样的观点不够全面。政府还应当在信息的传播过程中加强对信息的控制，具体来说，就是通过控制国内的媒体以间接控制信息的传播。所以从这个角度来讲，媒体也是"把关人"，但是从当前的传播形势来看，这两种"把关人"角色的发挥受到了阻碍。

（1）中国共产党"把关人"角色的发挥受到阻碍

在当代中国，中国共产党代表了最先进的意识形态的发展方向，代表了最先进阶级的进步思想。先进的意识形态一旦植根于民众的思想中，不仅仅会变成稳固的执政根基，还会形成强大的生产力。所以党员干部不仅仅要牢牢掌握马克思主义基本理论，还要将其有效生动地在民众之间宣传、广泛传播。在宣传马克思主义理论的过程中，党不仅要成为马克思主义理论的优秀发源地，成为马克思主义理论传播的主体，还要扮演好"把关人"的角色，积极地过滤不适应马克思主义理论传播语境的信息。但是，进入新媒体时代，党的"把关人"角色的发挥受到了阻碍。第一，党员干部队伍的新媒体专业知识不够扎实。传播媒介、技术在不停地更新，新媒体传播理论也日新月异、迅猛发展。一部分党员干部因为工作的繁忙而忽视学习新的理论、新的知识，继续沿用旧的思维方式来应对新的传播媒介，仍旧使用老办法来解决新问题，使其不能适应新媒体的变化，削弱了"把关人"的角色发挥。第二，部分党员干部对于新媒体的重视不足、态度不够端正。世界是运动的，事物是不停发展的。传播媒介也是在不停地更新换代，新兴的传播媒介有可能会对原有传播体系造成根本性的变革，颠覆原有的传播方式、渠道、载体。我们必须正视这个现实，端正态度，对它加以重视，这样才能更好地利用新媒体为马克思主义理论传播服务。一些党员干部却因循守旧，不了解民众的实际需求，错误地认为传统媒体依旧占主导地位，忽视了对于新媒体的管控，使得不良的信息肆意滋生，造成自身"把关人"角色不能更好地发挥。

（2）媒体"把关人"角色的发挥受到阻碍

过去，传统媒体在信息传播的过程中都是起主导作用的，在传播过程中充当"把关人"的角色，积极屏蔽传播过程中产生的有害信息，同时又以客观公正的视角，对社会发生的重大、突发事件进行报道，及时澄清事实。新媒体由于具有传统媒体不具备的新颖性、个性化和大众化等特点，受到了民众的追捧，民众更加愿意在客户端上接收消息、反馈消息。传统媒体似乎在一夜之间对民众失去了吸引力，其主导地位产生了动摇。传统媒体已经失去了民众的青睐，市场份额逐渐缩小，其可以"把关"的信息不再像过去那样多，"把关人"的角色发挥受到了一定程度的阻碍。最近几年，情况有所好转，传统媒体开始进行变革，如"两微一端"。传统媒体虽然利用了新媒体的平台，但其不能很好地适应民众的诉求，主要表现在：①"两微一端"上的内容还是将传统媒体上的内容照搬过来，呆板单一，不能像新媒体那样灵活、吸引人；②客户端功能的设计仅仅定位在接收信息，还不能满足绝大多数民众的需求，也不能像新媒体那样提供更多的个性化服务；③传统媒体传播的时效性仍旧不能满足民众的需求。传统媒体仍然不能占据原有的主导地位。种种原因叠加，使得传统媒体的传播范围变窄，其"把关人"的角色受到了一定程度的限制。

5. 新媒体传播马克思主义理论的管理机制尚不健全

网络空间的建设对于马克思主义理论的传播具有重要的影响。党的十九大报告强调："加强互联网内容建设，建立网络综合治理体系，营造清朗的网络空间"①，并且着重强调要提高网络安全。当今社会已经形成了无处不网、无人不网、无时不网的氛围，网络空间成为亿万民众的共

---

① 习近平. 决胜全面建成小康社会　夺取新时代中国特色社会主义伟大胜利——在中国共产党第十九次全国代表大会上的报告[N]. 人民日报, 2017-10-28.

同家园。网络空间必须同现实社会一样保持良好的秩序，以实现网络空间的良性发展，保障意识形态工作落到实处，确保马克思主义理论的积极传播。

新媒体传播机制的不完善严重影响了马克思主义理论传播的进程。新媒体以网络为传播媒介，导致新问题层出不穷，这便要求建构一系列的法律规范体系和道德规范体系，使各级部门有章可循、有规可守。但是我国关于网络管理方面的法律法规非常不健全，一方面造成了网络秩序的混乱，另一方面间接导致违法犯罪时有发生。造成此局面的原因主要有四：第一是网民素质参差不齐，第二是对于建设良好网络空间环境的忽视，第三是惩罚手段单一和处罚力度不足，第四是缺乏专业人员管理网络秩序。

与此同时，网络监管不到位影响了马克思主义理论的传播，关于马克思主义的谣言、诽谤和侮辱从未间断，各种虚假信息和谣言混淆受众的视听，对马克思主义理论传播产生了极为恶劣的影响。网络监管主要负责对网络的监督、监管和检查，应当早发现、早报告、早跟进、早监视、早控制，也就是及时发现反动言论，第一时间报告给相关部门、询问处理办法，然后不断跟进整个事件，接下来进行实时监控，尽早控制事态，避免舆论"发酵"。

评估机制的不完善失去了对于马克思主义理论传播的调整和控制。必须制定相应的评估指标才能准确衡量传播主体是否具备传播信息的资质、传播内容是否符合标准、传播效果是否达到预期目标、传播方式是否合乎规范、传播受众是否接受信息，通过出台完善的评估机制判断马克思主义理论传播情况，并依据实际情况进行政策调整。总之，实现马克思主义理论传播，必须建构完善的法律规范和传播机制。

6. 多元文化碰撞冲击马克思主义的主体地位

意识形态决定一个国家文化的前进方向和发展道路，牢牢掌握意识形态工作的领导权是确保马克思主义主流意识形态地位的重要手段。由于马克思主义自身具有极强的学术性、专业性以及知识性，导致其在广大人民群众眼中一直都是高深莫测的形象，晦涩难懂、枯燥乏味是它的代名词，所以马克思主义理论的大众化传播本身就具有一定的局限性，与此同时，多元文化对马克思主义的主流意识形态地位也造成了巨大的冲击。

首先，随着信息全球化的发展，国外思潮的涌入使得马克思主义受到了巨大的威胁。资本主义国家提倡所谓的"人权""民主""自由"，实质上是个人中心主义，也就是一切都以人自身为中心，霸权主义、强权主义才是其终极目标。新媒体的兴起使得海量信息自由传播，这就为西方文化渗透提供了可乘之机。资本主义国家通过向中国出口大量的影视作品、书籍、游戏，甚至国外传统节日等文化产品，企图同化中国的主流意识形态；与此同时，资本主义国家还不断诋毁和污蔑马克思主义，并且大肆攻击和丑化中国，以达到"和平演变"的目的。比如西方的影视作品丑化中国的现象，西方的新闻报道多为中国在发展过程中的不足之处，加之部分中国人崇洋媚外，大肆鼓吹西方文化的合理性以及先进性，提倡中国应当完全照搬资本主义的发展模式，这对推进马克思主义理论的大众化产生了极为负面的影响。从历史上看，中国文化和西方文化的差异性较大，政治、经济、文化、思想等各个层面都不同。中国走社会主义道路是时代的选择、是人民的选择。对于外来文化，我们要取其精华、去其糟粕，面向世界、博采众长，以我为主、为我所用，同时要坚定文化自信、提高国家文化软实力，避免马克思主义的主导地位受到威胁。

其次，"三俗"文化对于马克思主义理论传播造成极为不利的影响。"三俗"文化指的是庸俗文化、低俗文化、媚俗文化，即粗俗、低级、世俗的文化，对于社会的危害极为严重，影响正确的世界观、人生观和价值观的树立。"三俗"文化的典型特征是打着通俗、大众的旗号，与社会主流意识形态背道而驰，不具备永久的生命力和发展前途，经不起各种考验，距离违背社会公德、违反法律法规仅一步之遥。"三俗"文化映射出的是物欲横流的世界观，究其根本原因是人对于金钱的渴望超过了一切，形成了"金钱至上"的理念，即金钱最重要，什么都可以用金钱来衡量。

第四章

优化马克思主义理论新媒体传播的路径

当今时代新媒体迅猛发展，对人们的生产生活、思想观念、社会发展产生了深刻影响，马克思主义理论传播与新媒体相互融合，共同发展。立足于新媒体发展实际，推进马克思主义理论传播要求顺应马克思主义理论自身创新发展的内在规律，同时结合新媒体作为传播媒介的自身特性，才能把新时代马克思主义理论传播推向深入。一方面要把握马克思主义理论传播的基本原则，始终坚持马克思主义作为指导思想的主体地位，同时兼容并蓄，吸收一切优秀文化成果；始终坚持理论逻辑与生活逻辑的统一，推动科学的马克思主义理论成为人民群众进行生产生活实践的重要法宝；始终坚持时代性与传统性的统一，与时俱进，推动马克思主义理论既不断顺应时代发展的要求，又指导新时代各项实践工作走向深入；始终坚持主观能动性与尊重客观规律的统一，把马克思主义理论传播推向深入；始终坚持线上联动与线下互动的统一，顺应新媒体等传播媒介自身传播规律的需要，不断推进马克思主义理论内化为广大人民群众的思想指引与行动指南。另一方面，要针对新媒体时代马克思主义理论传播面临的现实问题及成因，有针对性地从重视新媒体空间信息安全、建立健全马克思主义理论传播机制、打造新旧媒体融合的马克思主义传播模式、优化马克思主义理论传播的内容、提升马克思主义理论传播能力等方面，构建马克思主义理论传播的现实路径。

一、把握新媒体传播马克思主义的基本原则

（一）指导思想一元和文化价值多元的统一

党的十九大明确指出，文化自信是民族发展的力量，也是一个国家发展的力量。在新媒体背景下，所谓坚持指导思想的一元性，就是坚持马克思主义理论的指导地位，始终坚持用马克思主义理论指导改革发展各项事业的开展。同时，树立中国特色社会主义坚定信念和共产主义远大理想，树立和践行社会主义核心价值观，增强意识形态领域的话语权和领导权，促进创新发展中国优秀传统文化和先进文化，继承和弘扬革命文化，面向未来，不忘初心，更好地建设和发扬中华民族精神、社会主义核心价值观和中国力量，为人民群众提供精神上的引导。

而在现实中，我们也看到，文化价值呈现出多元化发展的趋势，形成了主流文化背景下的多种亚文化并存的发展格局。在新媒体高速发展的今天，网络空间融合了多种多样的意识形态和文化，既是时代发展催生文化走向多元的需要，也是人类文明发展的必然产物。文化的多元化发展又是一把双刃剑。西方资本主义正试图通过经济和技术的优势来传播资本主义意识形态，向发展中国家伸出魔爪，试图占领宣传阵地，争夺意识形态建设话语权。对于此类威胁与挑战，我们应该树立强烈的危机意识，坚定不移地以积极的态度学习马克思主义理论，用中国特色社会主义理论体系武装全党和全国各族人民，在新媒体平台上传播马克思主义理论，让更多的人民群众去接受、认可并实践它，率先占领新媒体宣传阵地，使马克思主义在新媒体时代率先发挥主导作用。

在这样的时代背景下，一方面，只有坚持以马克思主义为唯一指导的思想才能真正实现共产主义这一远大理想。另外一方面，顺应文化多元化发展的现实，不断学习借鉴世界其他国家的先进文化，然后融合到本国文化中，丰富、拓展，挖掘其独特的魅力。才能构建和谐的社会文化，实现

多元文化与坚持马克思主义指导思想主体地位的辩证统一。因此只有坚定不移地以马克思主义理论为指导思想，推进马克思主义大众化，同时积极推进与非主流文化的互动，引导主流文化在整个文化中发挥主导作用，实现不同文化的借鉴与融合，最终实现指导思想一元与文化价值多元的统一。

（二）理论逻辑和生活逻辑的统一

马克思主义理论传播是广大人民群众认识和掌握马克思主义思想理论并用来指导生产生活实践的一个过程。一方面，人民群众通过生活实际发展、丰富、拓展马克思主义理论，另一方面，马克思主义理论参与指导人民群众的实践生活，同时自身理论成果也得以逐渐丰富和不断创新。因此，在当代，利用新媒体促进马克思主义传播，必须把马克思主义理论与人们的生产生活实践相结合，坚持理论与实践的统一。

所谓理论逻辑，是指遵循马克思主义作为一种科学理论自身发展的客观规律，保持马克思主义理论的开放性、客观性、科学性的理论本色，不断推进马克思主义的中国化、大众化、时代化：既要求用马克思主义理论指导社会主义伟大事业的开展，不断丰富马克思主义在中国的生动实践，又在丰富社会实践的基础上，不断推动马克思主义理论自身的发展，不断推动马克思主义中国化的新境界，不断丰富发展中国化的马克思主义理论体系，如此循环往复，推动马克思主义理论不断从真理走向真理。

所谓生活逻辑，是指要善于运用新媒体，扬长避短，发挥新媒体传播速度迅猛、传播范围广的特点，用人民群众喜闻乐见、通俗易懂的形式向广大人民群众普及马克思主义理论，提高马克思主义理论传播的影响力。只有满足广大人民群众的思想文化水平以及实际的生产生活情况，才能被群众认知和接受，才能保持永恒的吸引力、影响力、生命力和创造力。例如，电视剧《人民的名义》堪称目前国内最大规模的反腐电视剧，里面讲述的故事接近现实，表明了中国共产党对腐败是没有禁区、零容忍的决心和反腐倡廉的坚定立场。利用新媒体促进社会主义政治文明建设、推动马克思主义理论传播，这是理论逻辑与生活逻辑相结合的完美典范。

（三）时代性与传统性的统一

任何理论的推广都要被当地的经济文化发展水平所束缚，并在根本上与之相适应，即使是"先进的理论"也不例外。尽管马克思主义理论的传播在中国已有百年之久了，但它的传播方式是随着时代的不断发展而不断变化的。中国特色社会主义进入了新时代，我国社会主要矛盾已经转化为人民日益增长的美好生活需要和不平衡不充分的发展之间的矛盾。①这是中国发展的新的历史方位。马克思主义理论传播应顺应时代潮流，适应时代的要求，必须立足于在社会主义新的历史时期的实际。只有做到坚持时代性与传统性相结合，才能更加凸显马克思主义理论的科学本色，更好地推动我国社会主义改革发展的各项事业。

所谓坚持时代性原则，是指马克思主义理论传播要始终紧扣时代发展脉搏，结合时代关切，解决时代问题，不断推进自身理论的发展，提高马克思主义理论引领时代发展的能力，这也是马克思主义与时俱进品质的内在需要，是马克思主义理论立于不败之地的法宝。

所谓坚持传统性，是指马克思主义理论传播要善于坚持历史唯物主义科学观，从历史的视角，把握马克思主义发展的历史脉络，把握马克思主义经典理论发展的历史过程，从中吸收养分，汲取推动马克思主义理论传播的智慧力量。

立足新时代，面对新形势，推进马克思主义理论传播要做到坚持时代性与传统性的统一，要借助新媒体的优势，宣传和普及马克思主义思想和理论，使理论体系继续向前发展，以提高马克思理论传播的实效性；同时，还要充分发挥传统媒体的优势，加强新媒体与传统媒体之间的联系，构建与传统时代相适应的马克思主义理论传播体系。例如，《百年潮·中国梦》是由中央电视台与学习出版社联合拍摄的纪录片，该纪录片从多角度、多侧面、全方位地展现了以习近平同志为核心的党中央坚持和发展中

---

① 习近平.决胜全面建成小康社会　夺取新时代中国特色社会主义伟大胜利——在中国共产党第十九次全国代表大会上的报告［N］.人民日报，2017–10–28.

国特色社会主义，提出了一个气势磅礴、宏伟壮丽的中华民族伟大复兴中国梦这一重要战略思想，用最平凡故事、最简单朴素的语言、最独特创新的方式、传统与现代相结合的手法讲述中国故事。"中国梦"一经提出便具有吸引力、影响力和感染力，引起社会各界强烈的思想共鸣，这便是坚持传统性与现代性相统一的生动实践。

（四）主观能动与尊重规律的统一

不管是客观世界的改造还是主观世界的改造，都离不开主观能动性。中国特色社会主义事业的发展需要全体中华儿女的共同努力，正如"中国梦"的提出，就是要凝聚起最磅礴的力量把中国特色社会主义事业不断推向新的发展高度。推进马克思主义理论传播既要充分调动广大中华儿女建设国家，又要坚持马克思主义的立场、观点、方法，科学研判我国社会发展现实，顺应中国特色社会主义改革发展规律，才能不断把社会主义伟大事业推向深入。

所谓坚持主观能动性，就是指推进马克思主义理论传播的过程中要充分调动一切传播主体、客体的力量，凝聚强大共识、汇聚磅礴力量。所谓尊重规律，是指马克思主义理论传播的过程离不开遵循事物的客观规律，也摆脱不了客观规律，不管是马克思主义理论的创新过程、传播过程还是认同过程，都必须遵循自身的发展规律和新媒体的发展规律。

要做到坚持主观能动性与客观规律性的统一。一方面，全党全社会必须高度重视意识形态工作的建设，把意识形态工作放在十分重要的位置。要牢牢把握意识形态的领导权，充分调动社会各阶层的参与，凝聚社会共识、团结社会力量，积极推进马克思主义理论传播，努力实现中华民族伟大复兴的中国梦。另一方面，唯物辩证法认为，规律是事物之间内在本质的必然联系。坚持唯物辩证法必须尊重规律，按规律来办事，这是坚持唯物辩证法的最基本要求。新媒体时代推进马克思主义理论传播，要统筹好新媒体传播与意识形态建设的双重规律，既不能照搬过去的意识形态建设的老套路，又不能完全任由新媒体"野蛮"生长，始终要确保新媒体推进马克思主义理论传播朝着正确的方向前进；不断结合新媒体的新特点、新形式，转变成马克思主义理论传播的新方法、新手段；统筹好传播主体、传播客体、传播方式的内在联系，以人民群众更乐于接受的方式，不断把马克思主义理论的新媒体传播推向深入。

（五）线上联动与线下互动的统一

新媒体信息技术的快速发展，改变了人们的学习方式、交流方式，也改变了信息发布者的工作方式与传播方式。进入新时代，推进马克思主义理论传播要做到坚持线上联动与线下互动的统一。所谓线上联动是指要充分整合微信、微博、社交平台等新兴传播媒介，凝聚网络传播合力，形成网络传播联动、横向和纵向互通、整体统一的线上传播格局。所谓线下互动是指要充分尊重传播客体在新时代新媒体传播环境中的主体地位，倾听受众的声音，及时反馈受众的思想诉求，畅通沟通渠道，不断将被动传输转变为主动认同、自觉内化的双向互动传播，充分彰显马克思主义的真理性力量。

要做到线上联动与线下互动相统一。一方面要求马克思主义理论实现线上全覆盖，打通所有新媒体传播媒介终端，打造新媒体矩阵，形成网络传播合力，建设全方位、全天候立体式的马克思主义网络传播阵地。另外一方面，要加强线下理论传播互动。马克思主义理论传播的存在是以一定的社会存在为基础的。现实存在的社会必定有着各种各样的意识形态建设问题，解决这些现实存在的意识形态建设问题是实现马克思主义理论传播的关键环节。要更多关注现实生活空间，增强理论与群众的现实互动，不断反馈群众诉求，推进理论与现实的深度融合，最终将马克思主义理论内化为广大人民群众的自觉行动指南。只有坚持线上联动与线下互动的统一，才能推动马克思主义理论传播走向深入。

二、优化马克思主义理论新媒体传播的路径

（一）重视新媒体空间信息安全

新媒体时代的到来和网络信息技术的广泛应用，使信息安全成为国家安全的重要因素，并与其他安全要素之间联系更为紧密。党的十八大报告中有多处提到了信息网络、信息技术与信息安全，并首次明确提出了"健全信息安全保障体系"的目标。2014年2月27日，中央网络安全和信息化领导小组宣告成立并召开了第一次会议。该领导小组将统揽全国的信息安全和信息化事务，研究制定网络信息安全战略和推进信息化长远规划和重大政策，习近平同志任该领导小组组长。中央网络安全和信息化领导小组以如此高规格出现，既体现了当前确保信息安全、维护国家利益的重要性，同时也显示了当前我国信息安全面临的严峻形势。

1. 坚持从西方的话语霸权中解放出来

随着新媒体的发展，马克思主义在当代的发展已经悄然发生了变化，不能用固定的理论来指导变化了的现实。只有坚持马克思主义不动摇，才能面对变化的局势和复杂多样的自媒体环境，才能使中国特色社会主义理论体系不断完善和发展，才能更加从容地面对各种社会思潮的挑战。

在西方资本主义国家的舆论之中，他们高举着民主的旗帜，一味地强调民主是他们国家的权利，别国只有照搬他们的模式，不照搬他们的模式就属于赝品。由于西方资本主义国家长期这样的宣传，其他国家有些人一提到民主，就自然想到美国民主，这就是一种话语霸权。民主的本义是人民当家作主，每个国家的实际情况和传统不同，其民主的表现形式也不同。例如，非洲社会结构的特点是有许多种族和部落，他们采用"部落大会"制度来进行选举，在实际中比较合理地照顾到每个部落的根本利益，假如一味强调采用投票选举的方式，那么人口众多的部落永远属于在选举中获胜的一方，表面上看是公平，事实上则是不公平。而这却被西方资本

主义国家认为是错误的、不民主的、落后的。现今很多非洲国家发生的动乱，都与西方国家强制推行票选民主有着极大的关系。他们只问选举，不问实际效果，不管执政的好与坏，下台后是"挥一挥衣袖"、合法地走了，不承担责任，不受到追究。这并不能体现人民当家作主，但西方国家却"在强词夺理，说什么并不是西方民主不好，而是这些国家的法制和公民素质不行，一句话，就是你自己没有搞好"①。

发挥主流媒体的主导力，加强对网络舆论的引导和疏导。传统主流媒体在长时间的发展中，已经建立了牢固的群众基础，能够得到人民群众的更多信赖。所以，在舆论引导方面，传统主流媒体和现代自媒体有机结合，利用自身牢固的人民群众基础，做好舆论导向工作。中国共产党在人民心目中的地位是崇高的，其发布的官方信息是真实可靠的。官网主流媒体能够作为公众舆论的代表，占据着社会舆论的主导地位。正因为如此，在引导舆论走向时，要抢占先机，掌握主动权。如今，新媒体承载了大量的信息，而众声喧哗势必成为未来网络生态的一种新常态，众声之中肯定会出现一些不和谐的声音。当不和谐的声音得不到呈现时，并不代表它本身并不存在，但是如果不和谐的声音过于强大，那么就会对网络生态和社会生态造成很大的威胁。所以，化解网络思想危机的方法就是，加强舆论引导，净化网络环境，让不和谐的声音最大限度地降到最低。因此，我们必须通过提高官方主流舆论来接受人们的理性批判，抓住"第一时间发声"，营造出一个健康的舆论环境。

在当今新媒体时代，无论是掌握舆情还是应对舆情，都要抢占先机。在突发事件中，要抢第一时间，到第一现场，在一线主动沟通对话，在对话中抢占先机，赢得话语权。注重时效是做好网络舆论工作的关键，是党和政府不可忽视的一方面。政府要坚持、巩固、壮大主流思想舆论，弘扬主旋律，传播正能量，要将主流信息的发布权掌握在官方媒体手中，通过媒体联动实现资源共享，要不断提高官方主流媒体的引导作用，提高应急对接能力，增强政府的公信力。各级政府可以创建自己的微博和微信公众

---

① 詹得雄. 从思想和行动上应对"颜色革命"［J］. 红旗文稿, 2016（05）：35.

平台，及时发布信息，积极推进马克思主义理论传播。中国共产党是我国的执政党，各级领导干部要加强马克思主义理论的学习和理解，这样各级党政机关就能确保他们发布的信息是权威的，这样就能正确引导舆论的方向，从而保证民众接收信息的可靠性和权威性。各级党委要自觉承担起政治责任和领导责任，领导干部要增强同媒体打交道的能力，要善于运用媒体宣传党的方针政策，牢固树立以民为本的工作导向，了解社情民意，发现和解决矛盾问题，引导社会情绪，动员广大的人民群众，把政府主导和群众自发结合起来，让民众积极参与，用社会主义先进文化引领社会新风尚。

2. 筑牢我国网络领域的安全屏障

首先，要坚持对国外敌对势力保持高度警惕。国外敌对势力已经有一个比较标准化的套路，即利用和制造不同群体之间的矛盾，在人民群众之中宣扬西方的民主思想；以"娱乐到底"的理念来冲破道德底线；利用互联网煽动不满情绪，巧妙地设置议题，让人们分散注意力；集中丑化领导人和革命英烈，歪曲我国的历史；悄然拉拢有一定社会影响力的知识分子在特定的时间里抛出不当的言论等，针对这些伎俩，我们要力争做到一清二楚。

其次，要牢固树立我国网络领域的安全机制。我国的网络空间安全形势比较严峻，敌对势力力图依托互联网的平台，不断煽动人民群众的不满情绪，继而达到颠覆政权的目的。只有高度重视互联网安全力量建设，在网络空间的意识形态斗争中才能敢于亮剑，才能从源头和根本上杜绝"颜色革命"的隐患，筑牢网络空间的安全领域。政府要正确引导网络民意表达，要统一思想，坚持马克思主义的指导，坚持凝聚全社会的力量，汇聚新媒体正能量，牢牢掌握意识形态工作的领导权、话语权和管理权，使民意在自媒体平台上成为推动社会和谐进步的一股重要力量，成为抵御西方霸权和"颜色革命"的屏障。针对一些党员干部进行思想状况的摸排，对不利于社会发展进步的行为要严肃处理。要完善相关法律法规，加强政府对新媒体平台的监督和管理。要充分发挥自身的主导作用，政府要创新网络技术，通过内容审核、实名认证等技术手段，控制与净化信息源头，过滤与屏蔽一些反动信息，达到正本清源的目的。还要加强对技术人员的道德素养与技能的培训，全面提升网络技术人员的道德与技术素养。信息传播者和接收者都扮演着"把关人"的角色，而他们只有谨慎与监督自己的网络行为，做到文明合法上网，同时对新媒体上出现的不良信息要善于指出，只有这样才能有效建构和谐的新媒体环境。

最后，我们需要加强马克思主义理论的对外宣传。马克思主义理论的对外宣传不仅需要政府的提倡和组织，还需要企业、协会等社会组织的参与。企业、协会等社会组织一方面从事经济、文化的交流和合作，同时也是民族文化的象征。我们应该积极主动地利用各种平台在网络上发布中国声音，向国外民众展示社会主义的伟大成果，展现我们优秀的民族文化，传播我们的社会正能量，让世界更多地了解中国。

3.加强新媒体监管，把握舆论导向

以微信、微博、短视频等为代表的新媒体发展比较迅速，新媒体已经成为我国网民主要的交流工具，一定意义上影响着公众的生活和社会的稳定发展。新媒体是一把"双刃剑"，如何规范新媒体平台，用好新媒体，只有借助法律和社会主义价值体系的普及，提高公众的素质，从以下两个方面进行管理，才能真正净化新媒体环境。

首先，加强新媒体平台法律约束，构建绿色网络环境。新媒体在发展中有自身的弊端和漏洞，因此，加强新媒体平台的法律约束、规范新媒体时代道德体系建设非常重要。我们在推进马克思主义理论传播时，应大力加强网络道德和法律宣传教育，引导新媒体平台用户规范、约束网上言行，积极加强网络道德宣传教育，通过各种途径强化网民在虚拟交流中的政治意识、责任意识、自律和安全意识。要引导新媒体平台道德自律，构建绿色环境。要推进法律的不断完善，强化法律的执行力度。在我国新媒体产生的时间比较短，网络阵地建设工作起步比较晚，还没有形成统一健全的管理机制，相关的法律法规不是很完善。新媒体的发展给公众提供了一个自由表达的空间。为了维护良好的社会发展，实现新媒体的健康有序发展，网民要具备最起码的社会责任感，不触碰法律的底线。对于新媒体自由传播的开放性，我们要因势利导，要让参与主体明确自身对社会发展的责任，让参与主体明确自身对净化网络环境的责任。要引导公众对马克思主义理论的正确认识和理解，依靠新媒体进行传递，依托道德意识，借助和动员社会的参与，加强网民和运营者的责任意识，进一步加强绿色网络等一系列的建设，如建设绿色队伍文化、绿色资源文化和绿色网络等，在全社会形成主动传播正能量的氛围。

其次，要不断加强信息引导，加大网络监管力度，把握新媒体的舆论导向。新媒体时代的到来，不仅给马克思主义传播带来了新的契机，同时对马克思主义理论传播形成了巨大的冲击。政府要完善监督机制，同社会、家庭一起营造一个良好、健康的传播氛围。一是要充分认识和利用新媒体带来的机会，运用新媒体宣扬以爱国主义和集体主义等为核心的主旋律文化；要进一步做好舆论监管，构建以新媒体为载体的传播新模式，深入推进新媒体环境下马克思主义理论传播，巩固马克思主义在我国的指导地位；要合理规范传播秩序，抢占舆论工作制高点，用马克思主义理论占领新媒体阵地。二是积极引导公众的利益诉求，及时准确解答公众的疑问，不断屏蔽不利社会发展的信息，同时加强公众的思想政治教育和法治宣传工作，提升公众的辨别能力。在新媒体时代，政府要改善工作方式，保障公民信息的需求，掌握正确的舆论导向。

（二）建立健全马克思主义理论传播机制

当今社会，人类一方面享受着新媒体为生活带来的便利，一方面又面临着新媒体所带来的问题和风险。相对于传统媒体而言，新媒体时代马克思主义理论传播面临着更多问题。马克思主义理论传播的机制不完善导致传播过程十分坎坷，因此必须采取以下有效措施。

1. 构建和加强相关的管理体系

（1）加强政府管理，完善监督管理体系

马克思主义理论传播是一个漫长过程，在这个漫长的过程中需要有一个完整的体系来保障其持续发展。新媒体的发展得益于信息化的普及，然而在快速发展的背后却是信息的鱼龙混杂。人们在利用新媒体的同时，也会受到垃圾信息的污染。在这种复杂的环境下，大众需要依靠个人的控制能力来抵御不良信息的侵袭。但是，有时只拥有自控能力还是不能完全抵御这类信息的干扰。这就需要政府出面，制定相应的法律法规，同时完善监督管理体系，去劣择优。

《2006—2020年国家信息化发展战略》中指出："要加强社会主义先进文化的网上传播……规范网络文化传播秩序，使科学的理论、正确的舆论、高尚的精神、优秀的作品成为网络文化传播的主流。"[1]那么如何在复杂的新媒体环境下规范人们的行为呢？我们需要健全监督管理体系，首先，要完善新媒体相关法律法规的建设；其次，要提高大众素质和辨别信息的能力；最后，要提高技术防范措施，防止不良信息侵入。

①完善新媒体相关法律法规的建设

网络安全问题已引起社会的高度关注。新媒体的出现，使信息在传播方面较传统媒体发生了很大变化，新媒体主要是利用网络来传播信息。据统计，目前我国已制定的涉及网络信息技术安全的法律法规有几十部，这些法律法规几乎都与网络信息技术的系统安全、网络信息内容以及网络信息注册、信息技术服务等诸多问题密切相关。但现有的法律法规往往落后于新媒体技术的飞速发展，无法真正、准确、适时地规范新媒体。因此，制定多部行之有效的管理制度和法律法规是必要的。

首先，可以颁布一部完整的《网络法》，全面规定网络的法律法规。同时，在《民事诉讼法》《刑法》《行政法》中加入一些明文规定。立法体系的完善，规范着人们的正常生活，营造了法治环境；还要对使用新媒体的参与者进行法律法规的宣传教育，特别是易受虚假信息迷惑的群体，如青少年群体和老年群体。因此要加快法律法规的建设，明确立法内容，进而完善新媒体的法治空间。

其次，明确相关职能部门的管理职责，对各职能部门进行明确分工并使其协调合作，重点解决法规内容重复和管理部门职责划分不清等问题，尤其注意权限重叠和资源浪费，加强工作时效，完善新媒体的立法规定。

---

① 中共中央办公厅 国务院办公厅关于印发《2006—2020年国家信息化发展战略》的通知_2006年第18号国务院公报_中国政府网［EB/OL］.http://www.gov.cn/gongbao/content/2006/content_315999.htm.

同时对传播资源进行整合，明确各个部门的职能义务，向群众灌输要依法使用新媒体传播信息等意识，并共同监督新媒体平台的安全，依法惩处不法分子和犯罪行为，为创建和谐安定的管理空间而努力，使我国新媒体的环境秩序得以规范。

再次，要紧抓新媒体网络准入制度。对媒体来说，国家主要以法律形式规定网络媒体的社会责任，而对于公民也要进行法律监管。公民入网要先审查备案，实名认证以确认责任人，使公民对自己的行为负责，做负责任的网民，这样网络信息的责任就能够明确，出现问题能够快速解决。这里要汲取一些国家的先进经验，例如，韩国申请账号时，需要填清楚一系列的个人资料以证明自己的身份，才能成功申请。这样一旦出现违反法律的行为，就从源头上掌握了信息来源；如有犯罪行为发生，能快速追踪嫌疑人。

最后，还要对监管机制和筛查制度进行完善。实现评价资源的整合、评价程序的健全、评价指标体系的完善、安全监督的保障、信息反馈的时效性和推进，以确保马克思主义理论传播的目标能够最终实现。

我国大众对新媒体的使用越来越多，为了健康的新媒体环境，在利用新媒体进行日常的活动、交流时要加强法律意识，用法律束缚不正当的行为，规范管理新媒体背景下马克思主义理论传播的行为，这也是调整和规范新媒体的重要手段。

②提高大众素质和辨别信息的能力

在法律法规还不完善的情况下，对新媒体道德体系的完善和大众素养的提高将是一个长期的过程。为了避免大众被不良信息所诱惑，逾越其道德底线，做出损人不利己的事情，就要把大众的教育作为一项重要的任务来抓，保证大众真正成为新媒体道德中的主体，自觉营造风清气正的网络空间。

首先，要保护青少年在新媒体环境下健康成长。对于青少年来说，新媒体具有强大的吸引力，青少年占据了新媒体使用者的绝大部分，但是由于没有社会经验，他们对事物的认知缺乏客观性，没有保护自我的意识，并且对未知的事物跃跃欲试，这就导致青少年容易被不良的网络信息吸引和毒害。学校、家长和社会要积极监督青少年的上网环境，督促他们文明使用新媒体，防止他们沉溺于网络游戏，不浏览低俗、不健康的文字、图片和视频，及时制止不良信息对他们造成的消极影响，

其次，充分调动社会群众的积极性，对违法现象进行举报。新媒体的信息传播量大，导致无法组成专门的机构对信息进行监督。这时就需要发动广大群众、民间组织，积极参与对新媒体信息的监督管理。为了达到这一目标，还要完善举报平台、信息递交通道的建设，为实现新媒体的绿色环境而努力。

在新媒体的信息大潮中去粗取精，增强自身对信息的免疫力，主动抵制不良思想，明辨是非，提高自身的自律能力，树立正确的世界观、人生观和价值观，自觉浏览、学习马克思主义理论知识，强化自身在新媒体使用中的法制意识、自律意识、责任意识和安全意识，培养自我约束能力，对新媒体时代马克思主义理论的传播起着不可忽视的作用。

③提高技术防范措施，防止不良信息侵入

事物的快速发展往往在带来有利的影响的同时，不利因素也会接踵而至。这个道理同样适用于新媒体。新媒体在现代社会的快速发展和广泛使用，对社会产生很多有利因素，但是也带来了一些问题。新媒体使马克思主义理论传播得到了空前发展，但是在发展的同时一些不良信息也随之而来。这些不良信息使得马克思主义理论的宣传和普及有了一定的难度。马克思主义理论在传播的过程中，一些反马克思主义的信息也会出现，人们在无意之中就会接收到反马克思主义的思潮、观点，因此必须构建新媒体传播防控体系，遏制不良信息和反马克思主义信息的侵入。及时删除不良信息，对正面信息加大宣传，抓住新媒体的控制权。此外，对新媒体的监控和跟踪也是防控体系中需要加强的部分，通过对防控系统的建设，构建过滤系统，只接受真实有效的信息，屏蔽非法信息，从而确保网民接收正确真实的网络信息。这样才能切实保障马克思主义理论传播在新媒体中依法、规范、安全有序地进行。

总之，在新媒体时代要通过规范管理和建立监督机制，不断完善马克思主义理论的传播，进一步推动马克思主义中国化、时代化、大众化的进程。

2. 加强马克思主义理论传播的专业人才队伍建设

马克思主义理论传播的主体是人，要使马克思主义理论传播工作有效展开，就需要人才的配合。而在新媒体高速发展的今天，我们所缺少的也是人才。在新媒体中传播马克思主义理论时，要求传播者不仅要对马克思主义理论掌握得扎实，同时还要具有一定的新媒体素养。但是仅靠个人的力量还是不够的，我们需要建设一支高素质的人才队伍，加强团队精神，健全团队的管理，同时吸收拥有马克思主义理论、新媒体知识的人才，使这支队伍不断壮大，为大众提供先进的马克思主义理论打下坚实的基础。在新媒体不断发展的今天，这支队伍的存在使得马克思主义理论传播能跟上时代的步伐。建设一支高素质的人才队伍能更有效地推进马克思主义理论传播。

（1）提高马克思主义理论传播者的专业素养

马克思主义理论工作者最重要的工作就是进行理论的创新与发展。作为马克思主义理论工作者，政治立场坚定、思想敏锐、专业功底扎实是其应具备的基本素质。另外，马克思主义理论工作者还要掌握党的最新理论动态，培养唯物主义辩证思维，提高观察问题、分析问题和解决问题的能力，了解广大人民群众现实生活中的热点、难点问题，掌握人民群众的需求、语言习惯等，将理论创新与广大人民的实际生活紧密结合起来，尽可能地用人民群众喜闻乐见、通俗易懂的方式使更多的群众接受并掌握马克思主义理论，实现马克思主义理论的大众化传播。

马克思主义理论传播者工作的出发点和落脚点要以服务大众为根本。马克思主义理论传播的实质就是要采用符合时代发展和人民要求的手段方式，坚持不懈、循序渐进，不断寻找正确的传播模式，最终在潜移默化之中使广大人民群众自觉接受马克思主义，实现马克思主义在当代中国影响力的最大化。因此，对马克思主义理论传播者的专业素养提出了要求：必须具备扎实的理论功底，对马克思主义的基本原理、发展历程以及相关领域的理论知识都要充分掌握。只有具备扎实、深厚的知识积累才能有效地将马克思主义向人民群众普及。马克思主义理论传播也要注重力求使传播内容深入浅出、通俗易懂。把抽象化的理论与实践有机结合，用事实和案例来讲道理、论是非，既有对理论的抽象概括，也体现出对实践的验证，使马克思主义理论被大众所认可。同时，应避免带有官僚作风、脱离现实生活的晦涩难懂的文风，尽量用与时俱进、新颖独特、通俗易懂的方式，使抽象的理论通俗化。避免马克思主义理论的公式化、概念化、教条化等还不能走向另一个极端——庸俗化。

马克思主义是与时俱进的，是在实践中永恒发展的。马克思主义理论传播者不但要具备扎实的理论储备，还要经常性地深入生活，了解大众对马克思主义的需求，不断地对马克思主义理论传播进行形式和内容上的创新，以满足人们日益增长的精神文化需求。同时，作为马克思主义理论传播者，必须明确自身的责任与义务，并将其转化为内在的动力，促使其不断进行理论的学习，更新自身的知识储备，使其传播的内容可以符合时代发展和大众的需求；持续进行新知识的学习和实践，时刻做到与时俱进，以保证理论知识的动态性。作为马克思主义传播的"源头"，马克思主义理论传播者要做到终身学习——只有终身学习，才能不被社会发展所淘汰。

（2）提高新媒体传播者的理论素养

媒体工作者是引导人民群众舆论的重要力量，任何时候，媒体工作者都应该是全国人民的思想先锋。媒体工作者首先应提高自身的思想水平，这是引导人民提高思想素质的前提。意识形态的引导教育工作是党的一项非常重要的工作，新媒体工作者应在党的指引下提高自身理论素养。在新媒体发展的背景下，全民思想需要引导，因此，新媒体工作者的思想更需要进步，尤其是新媒体工作者中的党员要起到一定的带头模范作用。习近平指出："宣传思想工作就是要巩固马克思主义在意识形态领域的指导地位，巩固全国人民团结奋斗的共同思想基础。"[①]全体共产党员都要坚定共产主义信仰，认真学习党的先进思想与最新理论动态，扎扎实实地工作，脚踏实地地为实现党在现阶段的工作目标不懈努力，任何时候都能把

---

① 习近平在全国宣传思想工作会议上强调：胸怀大局把握大势着眼大事 努力把宣传思想工作做得更好［N］.人民日报，2013–08–21.

人民的利益放在首要位置，用正确的意识形态对大众进行科学的指引。新媒体时代马克思主义理论传播，不仅是马克思主义传播者的职责，也是新媒体工作者与全体党员的责任所在。

积极开展形式多样的中国特色社会主义理论与实践的宣传教育活动，是新媒体时代更好地进行马克思主义理论传播的有效途径。因此，要提高新媒体工作者的思想水平与马克思主义理论素养，深入学习并践行社会主义核心价值观。作为新媒体工作者要持续加强自身对马克思主义的认同，主动学习与其相关的理论与党的方针政策，只有拥有扎实的理论储备，才能在实践中不断前行。在新的历史条件下，新媒体工作者应按时代的需求不断加强队伍建设，丰富自身的知识储备，提升新媒体工作者的马克思主义认同感以及理论素养，用马克思主义的基本原理的观点与方法对问题进行分析，与时俱进地掌握马克思主义基本原理与马克思主义中国化的最新理论成果，加快知识的更新，在实际工作中坚持理论联系实际，有效解决出现的问题，确保传播效果最大化。

（3）提高马克思主义理论传播者的技能素养

马克思主义理论传播的有效性，受到马克思主义理论传播者的媒体操作水平的制约。马克思主义理论传播者不仅需要具备扎实的理论素养，同时也应当不断加强对新媒体操作技能的学习。新媒体是理论传播的重要工具，在技术更新速度快、大众需求多样化的今天，马克思主义理论传播者只有不断地掌握新的传播技能才能推进理论的有效传播，这也是信息化时代对理论传播者提出的新要求。

首先，马克思主义理论传播者需要具备持之以恒的学习能力，明确新媒体技能的掌握对促进马克思主义理论传播的重要性，不断主动学习新媒媒体技能，具备将理论传播与传播媒介相结合的素养，不断对现有的理论传播方式进行创新。其次，马克思主义理论传播者需要提高对实践的认识，使马克思主义走进群众，为群众所用，并不断地在实践中总结经验，找到符合大众需求的理论传播方式，将马克思主义以人们乐于接受的方式进行传播，真正实现马克思主义的大众化。最后，马克思主义传播者应将熟练地使用新媒体作为其必备素质之一，相关部门根据技术发展的情况及时对马克思主义理论传播者进行新技能培训，可以定期开设讲座与课程，使培训正规化、制度化。

传播者提高自身的新媒体知识与马克思主义理论知识并不是在几天之内就可以实现的，必须做好长期学习的准备。由于新媒体知识更新速度较快，马克思主义理论也在与时俱进中不断发展，因此传播者必须具备创新意识，并以此为学习的动力，在理论学习的同时，深入实践，使理论彰显科学的光芒。所有的学习都不是阶段性的，必须做到持之以恒，才能使自身得到根本性的提高。因此，无论是信息传播者还是人民群众，都要坚定不断提升自我的信心和勇气，只有坚持终身学习，才能在社会发展中不被淘汰，适应时代发展的潮流。马克思主义是与时俱进的理论，是科学的理论，人们只有不断加强马克思主义理论的学习和实践，才能不断地提升自身的思想修养。

（4）完善新媒体人才的选拔和聘用机制。加大投入，加强人才培养，建立新媒体技术人才库和新媒体经营管理人才库，使哲学社会科学工作者、教育工作者、党的宣传工作者、新媒体技术人才成为当代中国马克思主义理论传播的主要力量；还应把政治素养好、理论水平高、能利用新媒体进行理论宣传，特别是把擅长中国特色社会主义理论宣传的人才调配到岗位上来，充分发挥聘用机制在人力资源配置中的基础性作用，建立一支强大的高素质宣传队伍。此外，加快吸收专业人才，使马克思主义理论能够生动形象地感染和吸引大众，与大众进行交流，解答他们最关心、最现实的问题，这样不仅可以掌握新媒体的总体发展态势，也为新媒体推动马克思主义理论传播提供人才队伍保障。

3. 建立和完善科学的传播运行机制

马克思主义理论传播运行机制的实质是将马克思主义融入广大人民群众的生活和工作中，通过科学的传播运行机制以实现马克思主义的有效传播和马克思主义大众化的顺利实施。

（1）建立马克思主义理论传播的话语转换机制。第一，马克思主义大众化必须摆脱单一的传播模式，在新时代传播马克思主义必须坚持马克思主义的精神实质，即真正领会马克思主义的精髓和本质，用马克思主义的观点、立场和方法认识世界和改造世界。第二，正确对待马克思主义的话语体系，必须将马克思主义理论融入中国实际当中，不能割断和抛弃马克思主义与历史的联系，只有正确地对待和审视历史才能从根本上把握马克思主义。第三，科学把握话语体系的界限，不能过分强调马克思主义或者过于忽视马克思主义，掌握适度原则是切实推进马克思主义理论传播的关键所在。基于以上三个原则可以判定，马克思主义理论传播必须满足受众的取向、考虑受众的接受能力、尊重受众的个性需求、关注受众的关切点，同时要强调传播的大众性、趣味性、通俗性、实际性，使马克思主义理论由知识性转为通俗性、由主流文化转为大众文化、由意识形态转为日常生活。

（2）建立马克思主义理论传播的长效工作机制。首先要建立马克思主义理论传播的专业人才队伍，包括理论研究队伍、教育传播队伍、媒体传播队伍，一支素质优良的专业人才队伍是推进马克思主义理论大众化的关键所在，没有坚实的队伍基础马克思主义理论传播注定失去依托。其次要制定马克思主义理论传播的相关政策，需要社会各界积极参与其中，进而使传播速度更快、传播范围更远、传播效果更好。要针对不同的受众群体制定不同的政策、解决不同的难题。最后要实现马克思主义理论传播的媒介控制。对于传统媒体，要在保留广大受众的同时创新形式和方法，改变传统传播方式的弊端，抛弃单向传播的模式和"家长制""一言堂"的传播作风，与时俱进地创新传播方式。对于新媒体要构筑网络媒介平台，控制传播过程，开展媒介素养教育，使新媒体充分发挥其优势，以推进马克思主义理论传播的发展。

（3）建立马克思主义理论传播的反馈评价机制。检验马克思主义理论能否有效传播，必须建立相关的反馈评价机制，目的之一是检测受众思想方面所产生的变化，目的之二是检测受众行为方面受影响的程度。马克思主义理论传播的反馈评价机制包括反馈机制和评价机制，其中反馈机制是在马克思主义理论传播的过程当中，受众对于传播主体、传播内容、传播方式和传播效果的回应。

（三）打造新旧媒体融合的马克思主义传播模式

在全国宣传思想工作会议上，习近平提出："……要适应社会信息化持续推进的新情况，加快传统媒体和新兴媒体融合发展，充分运用新技术新应用创新媒体传播方式，占领信息传播制高点。"[①]在信息技术革命的推动下，新媒体得到了快速持续发展，新媒体用户数量不断创出新高，新媒体的普及程度进一步扩大。面对新媒体信息量激增以及对社会发展的影响越来越大，如何科学合理地整合和优化新媒体资源，打造新旧媒体融合的马克思主义传播模式，让新媒体成为传播马克思主义理论的重要工具，是当前的重要课题。对新媒体资源进行整合，使新媒体成为传播马克思主义理论、弘扬社会主义核心价值观的有力工具，应主要从以下两个方面进行。

1. "三网融合"背景下做好新媒体资源与传统媒体的整合

1997年4月，由国务院信息化工作领导小组牵头、深圳市政府组织的全国信息化工作会议在深圳召开，会议围绕着未来几年中国信息化方针政策及各行业、部委、省区信息化建设计划展开了深入广泛的研讨。会上邹家华首次提出了"三网"的概念：电信网、广播电视网、计算机网（即互联网），并提出了"统筹规划、国家主导、统一标准、联合建设、互联互通、资源共享"的24字指导方针。2000年制定的国家"十五"规划中，首次将"三网融合"作为国家政策提出，但是"三网融合"一直进展缓慢；直到2010年，国务院印发了《国务院关于印发〈推进三网融合总体方案〉的通知》（国发〔2010〕5号），并接连制定发布了一系列实施细则，"三网融合"的推进骤然加速。"三网融合"是指"电信网、广播电视网、互联网在向宽带通信网、数字电视网、下一代互联网演进过程中，其技术功能趋于一致，业务范围趋于相同，网络互联互通、资源共享，能为用户提供语音、数据和广播电视等多种服务"[②]。"三网融合"的提出是

---

① 习近平在全国宣传思想工作会议上强调：胸怀大局把握大势着眼大事　努力把宣传思想工作做得更好[N].人民日报,2013-08-21.

② 李强.三网融合,前景几何[J].中国报道,2010(03)：84-85.

新媒体与传统媒体整合的一个重要契机。

传统媒体与新媒体的传播特点的差异、发展阶段的差异、受众的差异等是推进新媒体和传统媒体结合的主要原因。新媒体较传统媒体而言，具有传播迅速、交互性强、形式多样、信息量大、全球传播、复制方便、可重复观看等传统媒体无法比拟的优势，因而得到了人们的认可，获得了快速的发展，用户数量激增。然而，广播、电视、报纸等传统媒体并不会因此而消亡，就像电视出现后，广播并没有消亡一样，新媒体和传统媒体相互共存。传统媒体在中央和省市县都有相关机构，覆盖范围十分广泛，具有专业化和庞大的人才队伍，信息渠道丰富，拥有一批固定和忠实的受众群体，传统媒体经过百年发展积累的这些优势都是新媒体在短期内望尘莫及的。另外由于传统媒体的内容制作周期长、审核严格，因而在公信力、权威性方面要优于新媒体。发挥各自优势，对新媒体和传统媒体进行整合应主要从内容生产方式和传播渠道两个方面进行整合。

第一，对传统媒体和新媒体的内容生产方式进行整合。“内容为王”是媒体的基本法则之一，内容的质量是媒体的生存之道和核心竞争力所在；能否提供优质的内容，提供用户体验，让受众获得自己想要的内容、获得有价值的信息，是媒体是否具有吸引力的关键。对传统媒体和新媒体的内容生产进行整合，就是要改变单一的、孤立的信息生产流程，既体现了传统媒体内容的权威性，又包含了新媒体的即时性和生动性，从而实现互补，提高生产效率和传播内容的质量，增强传播的效果。

第二，对传统媒体和新媒体的传播渠道进行整合。相同的内容通过不同的媒体进行传播，会产生不同的传播效果，产生不同的价值。传统媒体依靠信息渠道、人才等优势，与新媒体进行合作，使信息获得即时传播、重复播放，占领用户的碎片化时间。新媒体的信息也可以通过传统媒体传播，新媒体的草根性能扩大传统媒体的覆盖面，增强其生动性、互动性。例如，近些年参加两会的媒体记者的身份介绍出现了变化：“总理您好，我是中央电视台和中国网络电视台的记者”“总理您好，我是中央人民广播电台和中国广播网的记者”，这些变化表明了中央媒体都已经意识到了对传统媒体和新媒体进行整合的巨大价值。

2. 新媒体内部的资源整合

新媒体当前主要包括互联网、移动互联网等两大部分。互联网诞生较早，发展速度快，对社会形成强力渗透，成为社会的重要影响力量。近两年随着我国4G、5G 通信网络的快速推进，移动互联网发展呈现了爆炸式增长。移动互联网发展速度超越传统互联网，互联网移动化的态势明显。对新媒体资源进行内部整合，就是要做好传统互联网与移动互联网之间的相互整合。

（四）优化马克思主义理论传播内容

马克思主义是一个包罗万象的理论体系，它如同一本百科全书囊括了各个方面的知识，马克思主义的性质决定了它不仅仅作为一种结果存在，更是一个与时俱进的过程。马克思主义在中国实现了两次历史飞跃、创立了两大理论成果，因此在新媒体时代推进马克思主义理论传播更应当注重其内容的丰富和发展，使马克思主义更加深入人心。

1. 以社会主义核心价值体系引领新媒体

新媒体上的世界是一个开放的世界，多种文化和思想在新媒体这个平台上激荡碰撞，大众对于新媒体平台上的各种文化和思想在选择上具有盲目性。新媒体文化虽然不断丰富着人们的精神生活，但也对我国的主流意识形态造成了一定程度的影响。一些西方国家利用网络信息传播上的优势，把网络当成了渗透资本主义意识形态的重要工具；并且新媒体的复杂性和开放性使一些色情、暴力、腐朽的内容也同时传播开来，不仅影响了大众的思想和心理健康，更影响了大众的价值观。党的十八大报告强调："要深入开展社会主义核心价值体系学习教育，用社会主义核心价值体系引领社会思潮、凝聚社会共识。"[①]构建新媒体社会主义核心价值体系需要从以下几个方面着手。

---

① 胡锦涛. 坚定不移沿着中国特色社会主义道路前进　为全面建成小康社会而奋斗 [N].人民日报，2012-11-18.

（1）用马克思主义指导新媒体文化平台的正确方向

马克思主义是中国共产党的指导思想。在新媒体的发展中，我们应该以马克思主义为引导，把握其正确的方向，"……我们的党从它一开始，就是一个以马克思列宁主义的理论为基础的党"①。马克思主义的重要性，是不言而喻的。它为我们认识世界，提供了科学的理论依据，帮助我们正确地认识世界和改造世界。最重要的是，马克思主义始终代表中国最广大人民的根本利益。

马克思主义是我国社会主义现代化建设的根本指导思想，在建设新媒体文化平台的过程中，马克思主义应占据主导地位。要坚持用马克思主义的世界观和方法论去武装民众的头脑，并用其分析、解决实际生活中遇到的种种问题；以强大的精神势能和文化效应坚决抵制西方网络文化霸权的侵袭，积极回应各种文化挑战，使中国特色社会主义文化体系的影响力不断提高，为我国网络文化的建设树立正确方向，确保网络文化建设沿着富强、民主、文明、和谐的社会主义方向进行。因此，要使新媒体网络平台能够持续良性发展，就必须坚持马克思主义的指导思想。

（2）用中国特色社会主义共同理想增强新媒体文化平台的凝聚力

中国特色社会主义共同理想，就是在中国共产党领导下，走中国特色社会主义道路，实现中华民族伟大复兴。这个共同理想把全国各阶层、各行业、各民族人民紧密地联系在一起。在我国全面建成小康社会的关键时期，树立中国特色社会主义共同理想，对于坚持中国特色社会主义道路，推进中国特色社会主义事业不断前进，实现中华民族伟大复兴，具有重大的理论和实践意义。

新媒体文化平台的多元性更需要坚持中国特色社会主义共同理想。把新媒体作为共同理想的新载体、新平台，有利于调动全民共同奋斗的积极性。在新媒体不断发展的今天，来自外界多样化的思想观念、价值取向，对社会主义主流文化造成了巨大的冲击和影响。如何坚守共同理想，凝心聚力，发挥马克思主义理论的积极意义，成为当务之急。我们应通过新媒

---

① 毛泽东选集（第三卷）[M]. 北京：人民出版社，1991：1093.

体，积极宣传典型人物的先进事迹。他们是榜样、是标杆，能够唤起广大人民群众对共同理想的追求。将优秀影视作品在网络上进行传播，如《亮剑》《潜伏》《人间正道是沧桑》《建国大业》等红色影视作品，通过不同的视角，不同的方式，对英雄人物进行积极的宣传，使人民群众更加直观地接受教育、受到鼓舞，既增强了网络文化的吸引力和凝聚力，也不同程度地坚定了广大群众的社会主义共同理想。

（3）用民族精神和时代精神丰富新媒体的精神内涵

新媒体的参与者应具备以爱国主义为核心的民族精神和以改革创新为核心的时代精神。民族精神和时代精神是社会主义核心价值体系的精髓。所谓民族精神，是指一个民族在长期共同生活和实践中形成的，为本民族大多数成员所认可的价值取向、思维方式、道德规范、精神气质的总和。民族精神是一个民族信心和力量的源泉，是一个民族的脊梁。文化在任何时候首先都应该是民族的，然后才是世界的，任何一个民族拥有深厚灿烂的文化都将极大地增强民族自尊心和自豪感，产生极强的凝聚力和向心力。中华民族有着悠久的历史，形成了以爱国主义为核心的团结统一、爱好和平、勤劳勇敢、自强不息的伟大民族精神。这种民族精神是民族生存和发展的精神支柱，具有强大的生命力，不断推动着中华民族走向繁荣、强大。新媒体要在高度重视保持民族精神的同时，还要体现时代性。时代精神是一个时代的人们所体现出来的精神面貌和优良品质，适应社会发展、引领时代潮流，是振兴祖国的强大精神动力。时代精神的核心是改革创新。创新是一个国家和民族兴旺发达的不竭动力，更是中华民族实现伟大复兴的不竭动力。因此，鲜明的时代特征是新媒体建设的重要目标和内容之一。

我们要在互联网上大力宣传民族精神和时代精神，让民族精神和时代精神感染每一个网民，从而增强民族自信、增大社会凝聚力；必须继承和发扬中华优秀传统文化，吸收借鉴外来文化，使思想文化领域呈现生动活泼的局面，使消极文化现象得到有效抑制和批判，促进社会和谐发展。所以，倡导以爱国主义为核心的民族精神和以改革创新为核心的时代精神，能增强新媒体的魅力，丰富新媒体的精神内涵。

（4）用社会主义核心价值观引领网络道德建设

党的十八大提出："倡导富强、民主、文明、和谐，倡导自由、平等、公正、法治，倡导爱国、敬业、诚信、友善，积极培育和践行社会主义核心价值观。"[1]这是"推进中国特色社会主义伟大事业、实现中华民族伟大复兴中国梦的战略任务"[2]，是中国梦又一文化教育取向，是实现"中国梦"的主心骨，因此要把培育和践行社会主义核心价值观作为网民网络素养教育的新要求、新标杆。

第一，不断增强社会主义核心价值观引领的针对性，正确利用多元性的网络文化。毫不相同的价值取向和思想观念在当今高速发展的网络社会中，更是得到了前所未有的广泛传播与充分展现，网络文化的多元性也就逐步形成。而要使网络文化的发展得到社会主义核心价值观的引领，我们一定要必须正视、重视并充分利用网络文化多元性的特点和特征，不断深入研究不同层次、不同类别、不同范围的网络群体的价值取向、认知水平、感知能力、道德状况、辨别水准、价值追求、理想目标等各个方面的特点、特性与现状；准确而认真地分析不同类型网络群体的网络文化的形成、发展和传播规律以及未来如何发展、发展的趋势等；要有针对性地以社会主义核心价值观来引导和整合多元网络文化，就必须建立不同网络文化的评价指标与评价体系，并在此基础上进行合理而有序的引领。

第二，不断增强社会主义核心价值观引领的多向性，合理利用开放性的网络文化。我们要以社会主义核心价值观引领网络文化发展，就必须要利用网络文化的开放性特点与特征，多维度、多向度、多层面地不断深入影响网民的思想观念和价值取向，从而使网络文化得到健康的、积极的引领与发展。不断增强引领工作的多向性，既要不断完善、创新有吸引力的引领内容、引领路径，还要发展多样性的引领手段和引领方式，使不同层次的网民在网络社会的活动中，对各种不同的社会角色进行模仿、练习、理解、分析、扮演和实践时，自始至终地受到社会主义核心价值观

---

[1]　胡锦涛. 坚定不移沿着中国特色社会主义道路前进，为全面建成小康社会而奋斗——在中国共产党第十八次全国代表大会上的报告 [N]. 人民日报，2012-11-18.

[2]　关于培育和践行社会主义核心价值观的意见 [N]. 人民日报，2013-12-24.

的影响，并按其所倡导的行为标准、道德规范、和引导方向进行网络社会活动。

第三，不断增强社会主义核心价值观引领的实效性，充分利用舆论性的网络文化。只有不断加强全社会的舆论监督与控制、积极促进网民网络道德的自律自觉自发，充分发挥社会舆论的导向和渗透功能，及时抢占网上意识形态的领导权和主导权，才能不断形成符合网络时代特点和国家现代化建设需要的政治和观念意识形态观。要谴责和鞭挞不道德的网络行为、构成弃恶扬善、扶正祛邪的网络氛围和社会氛围，通过舆论的方式来褒扬善德善举，培养良好的道德风气和社会风尚；倡导、激励网民做一名有公共道德、网络道德的网络主人，激发、唤醒网民拥有自律的自觉意识、道德意识，使道德追求启发其道德觉悟和道德自律，真正使网民在网络生活中完成从他律到自律的转换；不断增强网民的自律能力和自律意识，并最终能在五彩斑斓、万紫千红的网络文化面前坚定理想信念，守住道德良知和道德底线。

2. 整合传播内容，提升马克思主义理论传播效果

新媒体技术的发展致使信息进入了碎片化、海量化的时代，信息过剩导致人们选择信息异常困难，尤其是对于马克思主义理论传播有着极为不利的影响。碎片化原意是指完整的东西被割裂成多个零散的碎片，在当今社会主要描述的是我国社会信息传播的碎片化。人们已经迎来了信息碎片化时代，即人们通过新媒体阅读信息的数量巨大，但是内容趋向分散，完整的信息被分类分解为片段，碎片化阅读占据了人们的大部分时间。

海量化的信息是指信息容量像海水一样巨大。信息的海量化主要指三个方面，一是客观上的信息量增大，二是感知的信息量增大，三是信息超过系统和个人的承载能力。首先，信息海量化导致传统媒体受到了巨大的冲击，传统媒体失去了权威性，人们总是被网络上的不实信息所迷惑，逐渐抛弃了传统媒体。其次，虽然有海量的信息供人选择，但是信息的质量鱼龙混杂、良莠不齐，海量化的信息明显重数量、不重质量。再次，信息的价值极低，一方面是由信息数量极大导致的，另一方面是因低质量的信息所导致的，同时网络信息抄袭严重。最后，海量的信息对人的伤害较

大。一方面海量的信息严重影响了人类的选择，要搜索到所需信息需要不断地进行筛选，会耗费大量的时间和精力，而且在搜索的过程当中很有可能被一条无关紧要的信息吸引注意力，这时就会导致人偏离了初衷，进而查看了很多毫不相干的信息。另一方面，许多垃圾信息给日常的学习、工作和生活带来了很多干扰，同时新媒体的发展令人的部分能力也逐步丧失。

因此，必须整合海量化和碎片化的信息，令信息系统、全面、准确、高质量并且有针对性，尤其是和马克思主义相关的信息内容，避免垃圾信息或者含有文化侵略内容的信息等冲击马克思主义的主流意识形态地位。同时要通过整合传播内容提高人民群众的文化素养，提升对马克思主义的认知，不断扩大受众范围，提升马克思主义的传播效果。

3. 使传播内容贴近人民群众的生活实际和思想实际

马克思主义之所以能够保持生机和活力是因为它深深地和人民群众联系在一起。马克思主义的基本立场是人民，具有鲜明的人民性，这是毋庸置疑的，因此群众路线是夺取马克思主义理论传播胜利的重要因素之一。新媒体技术的发展和普及为马克思主义理论传播提供了很好的机遇，所以必须将马克思主义内容贴近人民的生活实际和思想实际，实现马克思主义理论的有效传播。

理论和实践相结合是实现马克思主义理论深入人心的重要途径。首先，内容必须贴近人民群众的生活实际。人民群众最关注的是什么？相对于国家的大政方针，他们更关心生活中实际发生的事，比如医疗、养老、教育等，因此将人民群众关心的事情与马克思主义理论相结合，融入日常生活当中，与人民群众的生活实际贴合在一起；从"宏大叙事"转化为"日常叙事"，同时借助新媒介技术和传统手段进行传播，不断推进马克思主义理论大众化的传播进程。其次，内容必须贴近人民群众的思想实际，传播内容必须以人为本、关注民生，想人民之所想、急人民之所急。在新媒体时代，信息传播的模式由单向传播转变为双向传播，双向传播的信息模式将传播主体和受众之间的距离大大拉近，这就意味着传播内容更容易被人民群众接受，因此马克思主义必须与时俱进，以人民群众喜闻乐见、易于接受的方式进行传播。

马克思主义与时俱进的理论品质使传播内容不断创新和丰富，与之相呼应的是传播效果的大幅度提升。马克思主义理论的传播内容已经逐步贴近人民群众的生活实际和思想实际，这是时代的呼唤、是人心的向往。马克思主义一步一步走下理论的"神坛"，由"神圣不可侵犯"变得和人民群众手牵手、心连心，只有把人民群众放在最核心的位置，才能达到马克思主义理论传播最为理想的效果。

（五）提升新媒体的马克思主义理论传播能力

1. 以新媒体党建为马克思主义理论传播的重要抓手

习近平在党的十九大报告中指出，新时代要加强党的建设，不断提高党的执政水平，"把党建设成为始终走在时代前列、人民衷心拥护、勇于自我革命、经得起各种风浪考验、朝气蓬勃的马克思主义执政党"①。这是习近平对全面从严治党经验的高度总结。加强党的建设对推进马克思主义理论传播具有重要意义，也是推进马克思主义中国化、时代化、大众化的重要手段。新时代新媒体等传播媒介对党建工作意义重大，高度发达的网络社会对推进马克思主义理论传播具有重要的促进作用。以新媒体党建为抓手，推进马克思主义理论传播具有重大的理论意义与实践意义，是夺取新时代中国特色社会主义伟大胜利、实现中华民族伟大复兴的重要组成部分。

（1）强化新媒体党建制度体系建设

以习近平同志为核心的党中央深入总结了近年来党的建设的经验，为新时期党的建设提出了新的措施和新的目标、促进了党的建设的理论创新。这种理论创新具有重要的理论价值和实践价值，它不仅丰富了马克思主义理论宝库，而且促进了马克思主义理论传播。马克思主义理论是一个发展中的理论，正如恩格斯所指出的那样："我们的理论不是教条，而是

---

① 习近平. 决胜全面建成小康社会 夺取新时代中国特色社会主义伟大胜利——在中国共产党第十九次全国代表大会上的报告 [N]. 人民日报，2017-10-28.

对包含着一连串互相衔接的阶段的发展过程的阐明。"①马克思主义党建理论作为马克思主义基本理论的重要组成部分，同样是发展着的理论，具有与时俱进的理论品质。新时代，加强新媒体党建制度体系的建设是对马克思主义党建理论的创新与发展的需要，党建工作顺应新媒体发展的潮流，从网络空间入手，理顺网络传播主体、传播客体、传播媒介的内在联系，构建政府、社会、企业、个人广泛参与的多层级、立体式新媒体党建制度体系，深入推动新媒体党建工作的开展，占领新媒体传播平台的党建高地，以党建文明引领新媒体健康有序发展。只有从制度体系层面入手加强网络空间等新媒体党建制度的顶层设计，确保新媒体党建工作的常态化、长远化。

（2）加强新媒体党建文化建设

近年来，随着网络技术的不断发展，以微博、微信等为代表的新媒体日益普及，深刻影响着人们的思维方式和价值观。网络文化日益兴起，成为独立于现实生活之外的一种文化形式。网络文化是中国特色社会主义文化的重要组成部分，对社会经济、政治、文化、生活影响深远，必须坚持社会主义主流意识形态为引领，使之成为弘扬社会主义核心价值观、传播正能量的重要阵地。新媒体党建工作的开展，迫切需要以适应新形势新需要的党建文化为指引。以新媒体党建文化为切入点，推动形成风清气正的网络环境，是推进新形势下马克思主义理论传播的关键手段，也是推进马克思主义大众化的重要一环，还是将马克思主义理论用于指导实践生活的重要手段。新媒体信息交流的多元性、交互性、及时性等特点为党建工作提供了新的手段和方式，为加强新媒体党建文化的建设，提供了许多新思路。要高举习近平新时代中国特色社会主义思想伟大旗帜，贯彻落实中央关于推进党的建设新的方针政策和战略部署，从新媒体发展实际出发，创新党建文化工作模式，通过以党建文化引领新媒体等网络文化发展的方式，把新形势下马克思主义理论传播的各项工作不断推向深入。

---

① 马克思恩格斯选集（第四卷）[M].北京：人民出版社，2012：586.

2. 加快更新应用于马克思主义理论传播的新媒体技术

新媒体的快速发展使其硬件与软件发展呈现不均衡的状态。要实现平衡发展，为马克思主义理论传播提供更好的服务，就要做到新媒体技术在硬件飞速发展、不断更新的同时，软件相应功能也要有所提升。我们首先要从基础做起，着力建设各类学习型网站，将网络监管作为重点工作，加大对不良信息的过滤工作，并且对网站信息的更新要做到及时、足量。同时为了大众更好地汲取马克思主义理论知识，我们还要建设有特色的马克思主义理论平台，致力于为大众提供更好的服务；着力开发一些更接近大众生活的马克思主义理论教学软件，用生动形象的表达方式以及通俗易懂的语言，让更多的受众对马克思主义理论深入理解，并产生学习的兴趣。

（1）加强专门的平台建设

新媒体平台的建立，可以突破传统的、面对面的、枯燥的理论传授方式。马克思主义的传统传播方式往往是枯燥、乏味的。当受众长时间使用书本学习时，因理论晦涩、吸引力小，学习效果会大打折扣。新媒体平台的建立可以说是马克思主义理论传播方式的又一创新。新媒体使受众不再受时间、空间的限制，随时都可以学习马克思主义理论，并且可以根据自己的兴趣点，通过关键字来查找相应的内容，培养对马克思主义理论学习的兴趣。

新媒体平台的建设包括之前所说的传播马克思主义理论的网站建设。要加强管理此类网站的建设，从根本上改进其传播方式，为大众更好地服务。首先，要做到改变其版块模式，以生动的表达形式，为大众学习马克思主义理论提供服务；其次是通过对时事的及时更新，使大众不再对这个平台视而不见，而是主动浏览；最后要增加与大众的互动环节，及时地了解大众对马克思主义理论的各种需要，加速建设。

在改进原有平台的基础上，我们还要继续建设专门的马克思主义理论教育平台。例如，可以研发手机版的马克思主义理论学习软件，只要通过下载App就可以学习。通过这个方法使马克思主义理论传播得到全方位的普及。在这个软件中，我们可通过定制个性化的服务，还可以通过其他形式增加其趣味性，促进马克思主义理论传播的发展、弘扬我国优秀传统文化等。

我们要在这个平台上加大马克思主义理论的宣传力度，有效利用新媒体的各种优势来推动马克思主义理论传播。这里的加大力度不是一味地灌输马克思主义理论知识，而是用互动学习的形式来交流学习经验，及时地发表个人的意见，给出可行的建议并同时抓住大众对信息的关注点，建立良好的传播关系。由于新媒体的多样性，使马克思主义理论可以通过多种途径进行传播：不仅是网络传播，还有教学传播、卫星电视传播等。在这些传播形式当中，卫星电视和网络是广大群众接收先进的马克思主义理论的常用手段。通过对马克思主义理论加大宣传力度，使马克思主义更好地被大众接受，并在日常生活中应用。

加强新媒体平台的建设，就是要加强其宣传力度，使马克思主义理论渗入到人们的日常生活、学习中，让广大群众随时随地地接受马克思主义理论教育，并通过新媒体进行互动，交流学习心得。

（2）开发新型教学软件

新型教学软件的开发是为了适应新媒体的发展，跟上时代的步伐。以往，教育者通常是采用面对面的方式来进行马克思主义理论传播的，他们乐于并且习惯于这种教学方法。这种方法在传统媒体时代是比较有效的，但是随着新媒体的发展，教学形式也发生了改变，传统教学方式已不能满足学生对于知识个性化的追求，这就要求教育者在不断开发新型的教学软件时还要熟练其应用。

现在，在教学形式中存在着一些新媒体形式，例如播放 PPT、相关教学视频等；学生还可以通过网络授课、网络题库来进行学习，但是能让学生感兴趣的专业教学软件还是很少的。需要开发新型教学软件，通过多种形式将理论、视频、动画相结合，提高其趣味性，吸引更多的学生主动、积极地学习马克思主义理论，增添马克思主义理论教育的魅力。

3.创建文明的马克思主义理论传播环境

新媒体时代是一个人人可以自由发声的时代，但是信息质量良莠不齐，甚至有些人利用新媒体恶意散布谣言。这些谣言的快速传播，会对整个社会舆论环境造成负面影响，使公众对社会环境产生误解，不利于我国思想意识形态领域的建设，阻碍了马克思主义理论传播的有效性与真实性。反之，如果能够构建和谐的舆论环境，引导大众对社会环境正面认知，对推进新时代马克思主义理论传播具有积极的作用。从国家和政府层面分析，加强对大众传媒的信息监管，尤其要注重对新媒体的正面引导是刻不容缓的。新媒体的传播主体是个人，信息的制造和发布缺乏"把关人"的监督，就会导致传播内容良莠不齐，因此要建立相应的新媒体信息发布核实机制，防止错误、虚假或有碍于马克思主义理论的信息传播；从大众媒体层面分析，加强对马克思主义理论传播进行正面报道与宣传，要注意方式方法的选择，充分考虑其可能带来的社会影响；从广大人民群众层面分析，大众是新媒体使用的主体人群，在信息传播和交换中扮演着重要的角色，所以必须树立主人翁意识和社会责任意识，提高对信息的鉴别能力，大力弘扬正能量，才能够为扎实推进马克思主义理论传播营造一个良好的舆论环境。

第五章

新媒体时代马克思主义理论传播的资源整合机制

　　新媒体时代，马克思主义理论传播面临着全新的传播环境和媒介生态，其有效传播需要依靠各传播要素的协同整合。新的时代境遇和社会经济发展环境为马克思主义理论传播提供了丰富的媒介资源、技术资源以及社会资源，为创新马克思主义理论传播方式奠定了物质和技术基础。如何营造更加和谐有序的传播环境，如何有效利用资源提高马克思主义理论传播实效，是传播者面临的重要问题。

　　新媒体时代，广大民众在经济状况、受教育程度、信息接收能力、技术应用能力以及文化资源占有等层面存在较大差异，这种差异和不平衡来源于社会利益格局的深刻变化以及社会阶层结构的重大调整，也影响着受众对马克思主义的接受和认同。要改善这种不平衡和差异，优化马克思主义理论传播环境，也应整合利用各种资源，在传播媒介的融合互通、传播方式的协同配合以及社会监管资源整合利用上下功夫。这既包括传统媒体与新媒体的融合互通，也包括传统媒体与新媒体的信息和技术资源的共享；既包括传播方式的协同配合，也包括媒体空间监管资源的整合利用。

一、传播媒介的融合互通

媒介技术应用对人类社会的影响和塑造，既包括对社会物质生产的直接影响，也包括对社会文化、人类意识和思维方式在内的上层建筑的改造和调整。新媒体境遇下，基于信息技术高度发展的大众传媒成为人们获取信息的主要渠道，媒介技术对包括马克思主义理论传播在内的政治传播产生重要影响，同时重塑着社会政治文化。依托媒体资源的优化配置扩展媒介的延展性，打造融合互通的新媒体传播平台，既能够为马克思主义理论传播机制优化提供平台支撑，也是塑造社会文化、引导民众文化心理的重要举措。

（一）打造新媒体互联媒介平台

伴随着信息技术的高速发展，人类社会进入新媒体时代，各种新兴媒体平台涌现，强化了人们对各种媒介手段的依赖，以媒介为中心的生活方式成为广大民众无法回避的问题。马克思主义理论传播也不例外，只有借助恰当的传播媒介，才能实现有效传播、高质量传播。新媒体时代，只有在传统媒体与新兴媒体交流互通、深度融合的基础上，打造新媒体互联媒介平台，才能真正发挥传统媒体与新兴媒体的合力，提升马克思主义理论传播效能。

新媒体时代，大量新兴媒体迅速兴起和发展，部分传统媒介话语权和影响力式微，各媒介平台之间的信息流动也更加开放、自由，包括书籍、报刊、广播、电视等在内的传统媒介与互联网、移动互联网等新兴媒体各自发挥作用，再加上传播媒介的融合发展趋势带动了不同媒体平台之间的交流协作，新的媒介发展格局正在形成。面对层出不穷的媒介应用选择，受众的需求也愈加多样化，分众化趋势日益明显。面对如此传播环境，只有充分尊重不同受众群体的多样化需求，选择更加具有针对性的传播方式，才能保证马克思主义的传播效果。要发挥传统媒体与新媒体的合力，扬长避短优势互补，就需要对各种媒介资源进行整合，依据不同类型的受众群体整合出不同的媒体平台，采用不同的传播方式，争取把各种类型的受众都纳入相应媒介的影响范围之内，以满足广大民众的同质化和多样化需求。马克思主义理论传播对新媒体互联媒介平台的构建，主要有以下两个方面的要求。

1. 优化马克思主义理论传播的媒体结构布局

传统媒体尤其是党和政府主导的官方主流媒体，包括书籍、报纸、期刊、电视、广播等，是马克思主义理论传播已经稳固的"大后方"，是马克思主义理论宣传、传播的主要阵地。依靠长期以来的政府支持、稳定可靠的信息来源、高素质的专家学者解读、系统化有组织的传播渠道等，这些媒体已经在民众的心目中深植权威性、可靠性印象。但是，进入新媒体时代，互联网、移动互联网的影响日益深入，再加上大数据、人工智能、区块链等新技术的兴起和运用，我国的媒体生态与传播格局发生深刻变化，传统媒体在传播媒介中所占份额逐渐减少。为顺应时代发展大势，官方主流媒体也相继建立起了网站、微博、微信公众号等新媒体平台，新型大众传播媒体影响力日益扩大。尽管传统媒体与新媒体的融合已是大势所趋，传统媒体与新媒体亟须取长补短、融合共生，但融合过程中仍旧面临不少困难和挑战，我国媒体融合的整体优势还没有充分发挥出来。

当前，国家大力推动媒体融合发展，积极构建新媒体传播体系，这为马克思主义理论传播提供了政策支持和技术支撑。面对全新的社会传播环境，原有马克思主义理论传播的媒体格局也需要进行调整和优化，在发挥传统官方媒体主阵地作用的同时，要注意依托新媒体用户流量大、信息传播灵活、技术优势明显等优势，构建"1+1"或者"1+N"的媒体传播布局。这要求马克思主义理论传播不但要不断丰富传播形态和传播样式，进一步拓展传播渠道和平台终端，而且要针对不同受众群体或者相应的传播内容，确定相应的主导媒体，然后协同使用其他媒体形态进行补充，最终建立与新媒体传播格局相匹配的马克思主义理论传播体系，以提升马克思主义理论传播效率，增强马克思主义理论传播的影响力。毕竟，不同的媒体平台有着不同的运行管理模式，其面向传播的人群以及传播内容的侧重点都有所不同，上述传播模式有利于形成不同媒体平台的系统协同效应。即使面对同一传播内容，不同平台也会运用不同的传播方式，这有利于相应内容的全方位、多视角、立体化呈现，并能够为受众提供风格迥异的传播体验。换言之，科学合理的媒体布局有助于增强马克思主义理论传播的吸引力。

2. 践行马克思主义理论传播的媒体联动模式

在现实的传播实践中，任何媒体平台都不是十全十美的，任何传播方式都有其优势或者不足，在优化马克思主义理论传播媒体布局的同时，还应注重具体实践中的媒体联动，这是传统媒体与新媒体融合互动、取长补短的应有之义。进入新媒体时代，媒体平台和传播方式日益多样，但在马克思主义理论传播实践中，不同媒体平台的传播内容仍呈现同质化倾向，这显然不是媒体融合发挥联动合力的理想状态，而是新媒体传播内容"短板"的集中体现。与此同时，我们也要看到传统媒体的影响空间也面临萎缩难题。因此，转变理念，发挥优势，补齐"短板"，是传统媒体与新媒体的共同目标，也是媒体有效融合的前提和基础。

传统主流媒体凭借信息的权威性、人才队伍的专业性等，逐渐建立起民众的信任和依赖，新媒体时代仍然要依靠传统媒体来发挥主流意识形态建设的主阵地优势，尤其是官方主流的党媒党刊，包括一些红色经典刊物，还要继续充当主流意识形态的"喉舌"，为马克思主义理论传播呐喊助威。同时，要不断学习和掌握各种新媒体技术，利用新技术应用来实现马克思主义理论的高效传播。毕竟新媒体在信息容量、传播速率以及影响范围等方面的优势，是以往所有传统媒体所无法比拟的，新技术应用的便捷、经济、具象、生动等优势，吸引着广大民众越来越愿意通过新媒体来获取信息。我们要做的就是转变观念、创造条件，发挥传统媒体与新媒体的联动优势。首先，要强化新媒体思维。就马克思主义理论传播而言，传统媒体与新媒体互有优势，传统媒体的优势在于专业、深刻、系统，而新媒体赢在高效、生动、便捷。在马克思主义理论传播进程中应立足各自优势形成联动合力，共同构建开放、互补、高效的新媒体传播体系，如果互为对手，各自为战，必然达不到理想的传播效果。其次，要对不同媒体形态的不足和缺陷有正确的认识。在信息技术高速发展的今天，传统媒体在传播、报道、宣传等方面的时效性远远落后于新媒体，但其强大的原创内容生产能力保证了其信息传播的权威性和公信力，传统媒体适应时代发展的线上跟进和传播方式改革更是确保了其生存和发展空间。而新媒体尽管获得了突飞猛进的发展和前所未有的民众支持，但其泛娱乐化倾向显然降低了传播格调，影响着民众对马克思主义的真正认同，其碎片化、浅表化的传播方式也有庸俗化的趋向和嫌疑。因此，对于新媒体平台，我们要特别注意防范娱乐化、庸俗化带来的负面影响，通过与传统媒体平台的联动互通，不断提升传播内容的质量。

（二）实现不同媒介平台的资源共享

不同媒介平台掌握着不同的信息资源、文化资源乃至社会资源等，各个媒介平台都会凭借独特的资源优势获取生存和发展空间。要真正实现不同媒介平台的资源整合，既要创造条件发挥各个平台的资源优势，又要注意打破各媒介平台之间的资源壁垒，超越单一媒介平台的同质化资源限制，从而获得各媒介平台的资源合力。面对新媒体时代媒介发展格局的新变化，要坚持顶层设计、统一布局，通过媒介融合达成"强强联合"，要鼓励各媒体平台的马克思主义理论资源共享，实现不同媒介平台资源的互联互通；要通过各媒介平台的交流合作，盘活多样化资源，突破平台的封闭化限制，最终构建起内容由分散向集中、渠道由单一向立体演进的开放式、融通式传播模式。

各媒介平台之间的资源配置差异以及资源使用效率的不同，阻碍着各媒体平台之间形成资源合力。当前，马克思主义理论传播的主体部门非常多，国家级、省级、市县级报刊、广播、电视以及主流网站都在进行宣传，但各自为战的局面非常普遍，各类资源配置严重不均衡。国家级、省级媒体凭借其高站位，依靠其信息来源优势、技术优势以及人才优势，在各级媒体面向民众的注意力争夺中占据先机。而地方媒介、大众商业媒介由于资源限制以及降低成本的商业化核算，在内容生产、专业人才、传播策划、传播素材等方面都处于劣势，导致原创内容生产能力低下，与主流大型媒体的同质化现象严重，难以激发受众的接受意愿。与此同时，面对新媒体广受追捧的传播格局，大多数传统官方媒体迅速响应建立起网站、微博、App等新媒体平台，这些平台是对原有传统媒体的延伸和扩展，为民众学习马克思主义理论提供了新的媒介选择，能够帮助民众迅速从线上获取相应的马克思主义理论资源。然而，这些新媒体平台往往延续传统媒体的运营理念，导致传播内容与传统媒体的同质化现象严重，传播方式和传播话语也难有创新和发展，因此只能作为传统媒体的线上形式存在，难以将官方传统主流媒体的资源优势转化为自身传播优势。各商业化媒体平台的状况更是如此。一方面要依托国内外热点问题、国家治理以及主流意识形态建设等内容吸引受众的注意力，要尽其所能创造条件以增加自身浏览量，另一方面又受限于资源限制和降低成本的利益需求，难以提升原创内容生产能力，因此只能拾人牙慧，从传统媒体转载、摘编、整合各种信息。相对于官方主流媒体，商业化媒体的运行理念更为灵活高效，但其商业化运营的根本目的是为了盈利，因此也更容易使用娱乐化、庸俗化、浅表化的内容去迎合受众，从而降低了马克思主义理论传播的科学性和准确性。

近年来，我国媒体资源整合的大幕逐渐拉开，为各类媒体平台的资源由分散到集中，由封闭使用到开放共享创造了条件，逐步建立起共享共通、立体传播的融媒体传播模式。马克思主义理论传播也应该顺应时代要求和国内外传播环境的变化，把握媒体传播规律，逐步依托融媒体传播提升传播实效。首先，依托国家政策支持，推动马克思主义融媒体传播体系建设。为改变当前媒体资源的配置格局，实现不同媒介平台之间的资源共享，党和国家顺应媒体融合发展的趋势，鼓励和推动融媒体建设，着力打造新媒体传播格局，这是国家对于新媒体时代媒体行业发展的政策支持和顶层设计。马克思主义理论传播也要充分利用国家的政策优势，在分析马克思主义理论传播各媒体平台的资源优势以及相应的劣势和不足的基础上，提出相应的融媒体传播方案。其次，创新合作方式，实现各媒体平台的互利共赢。宣传马克思主义的各媒体平台的资源整合，目前来看可以通过两种方式来实现。一种是组织内部和组织之间的资源整合。传统媒体时代，马克思主义理论传播就建立起了非常完整的组织传播体系，从上到下各单位、各部门各司其职、各负其责，共同助力马克思主义理论传播，是具有强大动员能力和传播能力的组织架构。但这种传播架构也存在一些问题，比如各不同组织之间相对封闭，占据不同的马克思主义理论传播资源，进而各自为政、互不交流；即使在同一组织内部，由于不同的部门和分工，资源配置情况也会有所区别，这些都降低了资源的配置和使用效率。新媒体时代，应该对这种条块分割的传播模式进行调整，依托制度建设、加强同一组织内部以及不同组织之间的马克思主义理论传播资源的共享。另外一种则是跨部门、跨地区甚至跨行业的媒体集团建设。为补齐"短板"，盘活资源，互相借力，一些业务相近的媒体单位互相"抱团"，组建起大型的新媒体传播集团。这样的资源共享方式，有利于打破思维定式，依托不同部门、不同地区甚至不同行业的马克思主义理论传播资源，提升马克思主义理论传播的影响力和国家主流意识形态建设的传播力。

实现不同媒介平台的资源共享，是新媒体时代优化马克思主义理论传播机制的必然要求。明确各自平台的功能定位，坚持大小互补、强弱共赢的原则，共同开发、共同使用马克思主义理论传播资源，坚持以主流媒体为主导配合其他媒介形态搭建融媒体传播体系，有利于从整体层面提升不同媒体平台的马克思主义理论传播实力，进而提升党媒党刊以及大众媒体的传播力、公信力、影响力。依托媒介融合最大限度实现马克思主义理论传播资源的共享、开发与整合，各媒体平台协同运作，能够使各层级媒体传播产生整体传播效能大于各部分之和的效果。

（三）强化各层级传播平台的技术融通

媒介传播能力的提升与信息技术的高速发展密不可分，媒介生存空间的扩展也有赖于技术的升级和改造。信息技术迅猛发展的新媒体时代，马克思主义理论传播机制的优化也需要依托技术升级，尤其是不同媒介平台之间的技术融通。

1. 依托新技术应用提升马克思主义理论传播的针对性

新媒体时代，新技术的广泛应用改变着人类社会发展进程，深刻影响着人们的思想和行为，也给马克思主义理论传播提供了亘古未有的技术便利。因此，我们要依托技术升级，全面提升主流意识形态传播能力。

第一，依托新技术应用增强马克思主义理论传播的吸引力。新媒体时代，人类的思维方式和行为特点呈现出具象化特征，更乐于接受生动、形象的传播方式。新媒体传播集合传统媒体与新媒体双方的优势，综合利用文字、视频、音频、图像、虚拟现实技术等多种传播要素，通过立体化的多维传播手段进行多层次、多角度、多触点的信息传递，能够满足甚至超出预期地满足受众的信息期待，大大提升了信息传播的吸引力，增强了信息传播效能。新媒体传播能够赋予马克思主义理论传播以全新的形象，通过生动活泼的传播形态不断增强其吸引力和感召力。首先，依托高新技术应用打造的全新媒体平台，积极运用广大青年喜欢的媒体形式来改进传播方式，以吸引年轻受众的关注。其次，通过生动形象的传播要素来提升马克思主义理论的感染力，逐步改变受众对于马克思主义理论的刻板印象。我们要引导受众了解当代马克思主义理论传播的技术特征，要以民众喜爱的鲜活的表达方式来解读抽象的马克思主义理论。

第二，依托新技术应用提升马克思主义理论传播的精准度。大数据技术是当前信息技术发展的代表性成果，在社会各个层面的广泛应用得益于其强大的数据抓取和分析能力。大数据技术不仅蕴含着巨大的经济、社会价值，而且深刻改变着人们的认知方式和思维方式，凸显着新媒体时代信息传播的技术优势。以媒体的整体运行为例，大数据可以分析包括传播主体的内容生产、传播受众的需求和接受偏好以及媒体平台的传播特点和传播方式在内的所有要素和环节，并引导人们依托大数据进行事物概览和价值判断。这种数据分析方式提升了信息使用的精准度，也改变着人们对问题的分析、判断方式，进而改变着社会的整体运行态势。对于马克思主义理论传播而言，要科学运用大数据技术，对马克思主义理论传播的内容、方式以及传播受众等要素进行全面分析，通过掌握的数据来提升马克思主义理论传播的精准度。具体而言，要依托大数据技术挖掘不同受众群体的理论偏好，通过对受众群体的媒介平台选用、传播内容选择及阅读时长、传播方式关注度等信息，来掌握受众的真实诉求；要通过浏览、关注、评论、转发等数据，来判断主体传播行为的效度；要通过大数据个性化算法推荐，对不同受众群体进行差异化的内容推送，推动马克思主义个性化和精准化传播。总之，我们要认识到，充分利用大数据技术提升马克思主义理论传播的质量和效能，是发挥高新技术优势推动新媒体时代马克思主义理论传播机制优化的必然选择。

2. 加强官方主流媒体与大众传媒的技术融通

伴随着信息技术的不断升级，尽管传统主流媒体相继建立起官方网站、微信公众号、微博甚至微视频等新媒体形态，但相比于商业化运作的大众化传播媒介，其技术运用和更新是相对落后的，因此，需要加强官方媒体与大众传媒的技术融通和技术共享，依托技术升级及其合理使用来增强马克思主义理论传播的吸引力。

第一，加强各层级媒体的技术融通，做大做强主流舆论。技术也是生产力，新技术应用从特定视角展示着社会生产力发展水平。按照马克思主义关于生产力决定生产关系、经济基础决定上层建筑的原理，人类的思想观念、认知模式乃至思维方式都是与一定的经济基础和社会生产方式相适应的，同时又具备能动的反作用影响力。就媒介传播而言，传播主体的思维方式又决定了媒体传播方式。新媒体时代，马克思主义理论传播应顺应时代发展要求，推动官方主流媒体与各大众传播媒体之间的技术联动、技术融通与技术共享，以高新技术做支撑，加强新媒体矩阵建设，通过融合传播提升议题设置能力和思想引导能力。

官方主流媒体的技术应用和技术升级落后于大众传媒的根本原因，在于国家主导的马克思主义理论传播有着国家的政策和财政支持，其传播的主要方式是党和政府各级组织、学校以及科研机构的组织传播，不用或者极少考虑市场化竞争，导致传播主体进行技术升级的意愿较弱。而大众传播媒体则要认真核算成本及收益，能不能采取有效措施吸引受众吸引力，能不能在激烈的市场竞争中占有一席之地，直接影响到媒体的生死存亡，导致大众传播应用最新技术的意愿非常强烈，而且技术更新也更为及时有效。不同的管理体制和运行模式，导致官方主流媒体和大众传媒出现上述差异，而马克思主义理论传播要扩大在普通民众中的影响力，也需要加强与大众传媒的技术融通，不断提升技术增益。

习近平强调，要抓住信息化带来的发展机遇，"正能量是总要求，管得住是硬道理，现在还要加一条，用得好是真本事。媒体融合发展不仅仅是新闻单位的事，要把我们掌握的社会思想文化公共资源、社会治理大数据、政策制定权的制度优势转化为巩固壮大主流思想舆论的综合优势"[①]。要顺应媒介融合的发展趋势，运用好信息革命成果，综合运用国家的文化资源优势、制度优势，依托社会治理大数据，做强做大主流舆论。习近平的讲话具有很强的现实针对性，对于马克思主义理论传播具有直接指导意义。官方主流媒体要注意加强同其他媒体的技术融通，从技术应用层面增强国家主流意识形态建设的吸引力。

第二，坚持移动优先策略，扩展马克思主义影响空间。依托电子信息技术的发展，将互联网和移动通信结合起来的移动互联网，正逐渐渗透到人们生活、工作的各个领域，深刻影响着人们的社会生活，移动舆论场越来越成为马克思主义理论传播必须要抢占的新阵地，成为党和国家凝聚共识的新空间。习近平重点强调："移动互联网已经成为信息传播主渠道。随着5G、大数据、云计算、物联网、人工智能等技术不断发展，移动媒体将进入加速发展新阶段。要坚持移动优先策略，建设好自己的移动传播平台，管好用好商业化、社会化的互联网平台，让主流媒体借助移动传播，牢牢占据舆论引导、思想引领、文化传承、服务人民的传播制高点。"[②]

坚持移动优先的马克思主义理论传播策略，是主流意识形态在移动互联网快速发展的背景下，抢占舆论主导权的重要举措。新媒体时代，尽管传统媒体凭借基础传播网络和专业人才优势，在偏远地区信息传输以及内容生产的权威性、公信力等方面占据主动权，但相比互联网和移动互联网

---

① 习近平在中共中央政治局第十二次集体学习时强调：推动媒体融合向纵深发展　巩固全党全国人民共同思想基础 [N].人民日报，2019-01-26.

② 习近平在中共中央政治局第十二次集体学习时强调：推动媒体融合向纵深发展　巩固全党全国人民共同思想基础 [N].人民日报，2019-01-26.

等新媒体形式，传统媒体在传播时效和影响空间层面都存在"短板"，在社会舆论空间的影响份额被逐渐压缩。而且，伴随着技术升级和移动终端的广泛应用，越来越多的人习惯通过移动终端来获取信息，移动互联空间已经成为马克思主义理论传播必须要重视和占领的新场域。"主流媒体要以敏锐触觉坚持与时俱进，充分利用新技术推出属于自己的新媒体产品，走在国内媒体深度融合的最前端，在移动媒体时代重塑话语权。"①要真正落实移动优先的传播策略，必须要抓好顶层设计创新传播载体，依托移动互联网和各类移动终端打造全新的马克思主义移动传播平台，通过多渠道的立体化传播方式，扩大主流意识形态在移动互联领域的影响空间。以《人民日报》的多渠道、多平台传播为例。作为老牌的官方传统媒体，《人民日报》的影响力和公信力是不言而喻的，但《人民日报》并没有满足于在传统媒体领域取得的成绩，而是迅速更新理念，采取行动，抢占新媒体和移动媒体传播空间。《人民日报》的微信、微博以及客户端紧追时事热点，通过形式多样、生动活泼、富有情感的传播内容和话语表达方式，赢得了受众的支持和认可；《人民日报》的纸媒仍然延续以往的传播优势，凭借传播内容的科学性、准确性与深刻性争取生存和发展空间。纸媒和网媒双平台协同发力，共同打造了《人民日报》这块主流意识形态传播的"金字招牌"。《人民日报》的新媒体转型和移动传播平台打造，为马克思主义理论传播的移动化实践提供了榜样示范。

二、传播方式的协同配合

新媒体时代，技术升级引起信息传播方式的巨大变革，由此提升了受众话语权，也使民众对马克思主义理论传播方式变革有了更高的期待。传统的信息控制模式被打破，多元价值观冲击着民众对主流价值观念的认同，社会成员对平等、民主、开放、包容的诉求不断提升，导致传统理论

---

① 范以锦.做大做强新兴媒体的重要策略和必然选择[J].青年记者,2019(07):25.

影响力被大幅削弱。相较于传统媒体时代"高高在上"的命令式的政治性传播，新媒体时代的民众更倾向于遵从自己的接受习惯和接受意愿，乐于接受"润物无声"的生活化、渗透式传播。然而，当前马克思主义的隐性传播方式尚未得到足够重视，这使得马克思主义理论传播略显生硬，缺乏直击人心的柔性力量。因此，马克思主义理论传播要注意发挥显性传播和隐性传播的合力，协同配合，共同做好马克思主义理论传播工作。

（一）巩固显性传播方式已有优势

传统媒体时代，马克思主义理论传播一直是通过显性方式开展的，由党和政府规划并且主导，依托政府机关、学术机构、学校团体以及主流媒体自上而下的组织传播和媒介传播进行，通过反复的信息灌输向民众进行普及宣教。这种显性传播方式在我国马克思主义理论传播史上发挥了重要作用，是传统媒体时代马克思主义理论传播的主要播方式。新媒体时代，在传统媒体时代构建起的马克思主义理论传播体系仍然发挥着主渠道作用，是当前传播的主阵地和已经稳固的"大后方"，原有的大部分传播路径尽管影响力有所下降但依然有效，还需继续坚持，并且依照时代大势调整优化。我们仍要依托官方主导的显性传播方式，巩固主流意识形态建设的现有成果，凭借政府权威强化马克思主义理论传播力度。

不过我们要注意，这种由政府主导的"自上而下"的显性传播模式，注重传播主体的专业性、信息来源的可靠性、强调传播话语的准确性和科学性以及传播运行体系的规范性，但是对受众需求有所忽略。不可否认的是，这种显性传播方式作为政治传播的主导方式，在很长一段时间内发挥了非常积极、正向的作用，为我国主流意识形态建设奠定了坚实基础，至今仍是马克思主义理论传播的重要传播方式。因此，总结、反思传统媒体时代马克思主义理论传播的经验教训，掌握显性传播有效运行的核心优势，有助于巩固和加强传统媒体时代的已有优势，并与新媒体时代马克思主义理论传播的后发优势结合起来，形成传播合力。

1. 传播主体的专业性

新媒体时代，技术升级使整个社会进入信息大爆炸时代。人人都有麦克风，人人都是传播者，这大大激发了普通民众的参与意识、角色意识以及表达欲望，由此，传统媒体的权威性和引导力被严重挑战。与此同时，海量信息裹挟着大量的虚假信息、垃圾信息呼啸而来，新媒体平台尽管具有信息储存空间大、更新速度快等优势，但缺点在于难以保证信息的真实性和准确性，究其原因在于新媒体平台的传播主体，往往不是受过专业训练的媒体从业者，其驾驭和甄别信息的能力与传统媒体从业人员相比具有很大差距。相比较而言，各层级传统媒体在长期的建设过程中，汇聚了相当数量的专业人才，在信息传播的深度以及题材选择的角度等方面有着新媒体平台难以比拟的专业性。

在传播实践中，很多新媒体平台的传播者往往会通过各种"创意"标题来吸引受众眼球，成为广受诟病的"标题党"，甚至出现无底线迎合受众的情况，这不仅降低了新媒体传播的信度，也会给社会带来不良影响。而传统媒体工作者的职业准入门槛较高，并且大多经过了严格的专业知识培训，在政治素质、职业操守以及专业素质层面都是经过层层把关的。因此，传统媒体人基本都具备良好的信息敏感度、专业的采编能力和长期的媒体从业经验，不仅能够站稳政治立场，保证传播的正确政治方向，而且能够坚持"内容为王"的信息传播准则，确保内容生产质量。可见，专业性强的高素质传播主体，是保证传统媒体生存和发展空间的核心力量，也是传统媒体显性传播的优势所在。就马克思主义理论传播而言，传统媒体时代显性传播的优势在于政府主导，有着较好的政策支持和人才队伍支撑，党媒党刊的专业人员配备大多是各级媒体中专业素养较高的佼佼者，而教师群体尤其是高校教师以及学术团体研究人员，将马克思主义理论研究及其传播作为主要工作内容，其学历素养、知识储备、研究视野、语言表达也都是新媒体平台传播者所无法比拟的。

2. 传播内容的权威性

传统媒体最核心的优势之一，是其内容上的专业性与权威性。虽然新媒体的崛起挤占了传统媒体的影响空间，但实际上各类新媒体平台都对传统媒体平台，尤其是主流传统媒体平台，有着很强的依赖性。毕竟事关国家和社会发展的重大理论问题和现实问题的权威性原创内容生产，都要依靠上述传统媒体，新媒体平台中很多高质量信息，实际上也都是自传统媒体摘编而来，原创性的内容很少。研究表明，即使在新闻传媒业最发达的美国，传统媒体与新媒体的联系仍然是非常紧密的，新媒体受限于自身生产内容的能力和水平，仍然要依赖传统媒体的信息供给。[①]而中国的具体国情与其他国家有着很大差异，各级官方传统媒体在党和国家的指导下开展工作，作为党和政府的"喉舌"而存在。因此，其信息来源和内容生产的专业性与权威性，是远远高于新媒体的。在传统媒体时代依赖政府主导的显性传播模式下，马克思主义理论传播都是经过层层筛选和严格审查的，尽管信息传播的速度有所减慢，但是在内容来源的可靠性和权威性以及内容研究的深度、广度、高度方面都是新媒体所不能比拟的。传统媒体时代，马克思主义理论传播的优势在于，传播主体可以投入更多的时间和精力研读经典文本、深入分析解读，并通过学术研究成果、党媒党刊、政府报告、文件等形式进行组织传播。其信息来源可靠，信息传播的真实性有充分的保障，这是传统媒体的立身之本。传统媒体的这种公信力一直延续至今。比如，民众当前仍然更加信赖《人民日报》、新华社、《光明日报》等官方主流媒体关于外交、战争以及重大自然灾害等重大突发事件的报道，虽然新媒体在信息传播层面具备更好的时效性，但人们仍然更信赖传统官方主流媒体或者其新媒体平台所发布的消息。由此可知，在民众的心目中，传统媒体是同信息的权威性与公信力画等号的，是传播内容真实性的保证。

3. 传播话语的准确性和科学性

传统媒体时代，马克思主义理论传播主要通过党和政府领导下的组织传播来实现，大多采用直接的显性传播方式。在当时的传播实践中，作为传播主体来主导马克思主义理论传播进程的，主要是党和政府的各级组织、各级学术科研机构以及各级教育部门。因此，当时的马克思主义理论传播话语体系主要包含政治话语、学术话语以及课堂话语等三种形式。这

---

① 参见凌曦.美国传统媒体应对新媒体竞争的启示——做内容提供商，实施多平台传播[J].传媒观察，2011(03)：17-19.

三种话语体系代表了党和国家对马克思主义理论传播的总体要求以及各级传播主体的差异化的传播诉求以及目标设定。

在传统的显性传播模式下，政治话语是马克思主义理论传播的主导性话语。政治话语集中反映了党和国家对于马克思主义理论传播的顶层设计，是对照国家经济社会发展和主流意识形态建设要求而采取的话语表达方式。因为代表着统治阶级的政治传播诉求，并且肩负着对全国各族人民进行政治引领的责任和使命，因此，其传播话语必须兼具政治性、准确性和科学性。这也为民众确证政府主导的马克思主义理论传播的权威性提供了保证。学术话语则注重准确性、科学性和逻辑性，是立足时代发展要求、研究马克思主义理论及其学科发展的话语表达方式，能够为现实的马克思主义理论传播指明方向并提供专业知识支撑。课堂话语是各级教育部门依托教师授课和学生管理，将国家政治要求和学界研究成果传递给学生的话语表达方式。课堂话语既要满足国家主流意识形态建设的要求，又要尊重学生的接受特点和成长成才需求，因此需要满足政治性、准确性、科学性、思想性以及生动性等多层次要求。传统媒体语境下，这三种话语体系各有侧重、互有区分，但科学性和准确性是其共性要求，这也是马克思主义理论传播内容权威性的有效保障。

4. 传播运行体系的规范性

作为国家主流意识形态建设的重要组成部分，传统媒体时代的马克思主义理论传播采取的是政府主导的自上而下的运行模式，依靠政府的直接推动、政策资金支持以及舆论引导来实现，其主要传播形式是组织传播。各级政府、学术研究机构、党媒党刊以及各级学校，通过组织之间、组织内部的自上而下传播来实现，同时依托党媒党刊以及学校教育进行有限范围的大众传播，其传播运行体系是规范且严密的。

传统媒体时代的马克思主义理论传播运行体系具有如下特点：第一，鲜明的主题设定。主题来源于主流意识形态建设需要，这是政治传播，尤其是有组织的政治传播的灵魂和旗帜，现实实践中的集中政治理论学习、党和国家的方针政策传播、各层级宣传部门的理论宣传活动等都有着鲜明的主题设定。马克思主义理论传播的主题设定，是基于指导革命和建设的现实需要，毕竟马克思主义是人们认识世界、改造世界的精神力量，其大众化传播最终要实现政治引导和价值引领双重作用。第二，依托自上而下的组织传播进行。马克思主义理论传播是政治传播的一部分，其传播机制运行过程与政治传播是一致的，都是通过层层组织传播来进行的。有学者这样描述其传播进程：首先是"运动开始，发出文件"；第二阶段是"层层传达、普遍宣传"；第三阶段是"认真学习、深刻领会"；第四阶段是"抓住典型、以点带面"；最后，"统一思想、形成共识"。①第三，具有强大的思想动员能力。马克思主义理论传播是由国家公权力保证实施的，党和政府依托自上而下的组织传播体系凝聚社会共识，从而保证了包括马克思主义理论传播在内的政治传播体系的思想动员能力。首先，通过党内传播，保证共产党员在思想上、政治上、组织上的先进性，重点强化政治素质、理论素养和组织纪律培育，不断增强党的思想引导能力。其次，通过各层级组织传播，引导党和政府各级组织、学术研究机构、学校以及各层级大众传媒形成思想共识，共同推动马克思主义理论传播，加强主流意识形态建设，增强国家的思想引领力、群众组织力和社会号召力。

巩固显性传播的已有优势，我们也应理性看待显性传播的不足和缺失。马克思主义的显性传播往往是传播主体主导的单向信息传递，对受众的利益诉求、情感需要以及平等交流的愿望有所忽视，缺乏与传播受众的双向互动。从实践上看，显性传播能够主导传播进程，掌控信息的传递方向，但是无法控制受众的认知和选择。这种缺乏双向对话的马克思主义理论传播模式，很难获得受众内心的真正认同。

（二）发挥隐性传播方式浸润力量

新媒体境遇下，信息技术更新为马克思主义理论传播机制运行带来新情况和新问题，要提升马克思主义理论传播效能，必须探索优化马克思主义理论传播机制的有效路径，而通过改进传播方式，吸引传播受众自觉、自愿地学习马克思主义理论，是推动马克思主义理论传播机制顺畅运行的

---

① 参见王绍光.中国公共政策议程设置的模式 [J].中国社会科学, 2006（05）: 89.

选择之一。我们知道，近代以来，中国的先进分子在寻求民族独立和国家富强道路的过程中，主动学习、接触并且最终接受了马克思主义，在当时内忧外患的情况下，其学习和传播的主要动力来自传播者的坚定信念，这也是当时马克思主义传播取得突出效果的原因。因此，调动传播受众主动学习的意愿和积极性，在传播受众的"乐于接受"上下功夫是提升传播实效的关键，而注重情感连接的隐性传播方式或可达到良好效果。

"'隐性传播'是相对于'显性传播'而言的，是指在特定信息的传播过程中，传播主体通过间接的、内隐的方式输出信息，使受众在潜移默化中受到暗示和感染，并逐步接受和认同信息内容的过程。"[①]其在马克思主义理论传播中体现为采取隐去传播主体的立场、倾向或身份的方式，通过暗示、类比、案例等形式来施加渗透性影响，使受众无法从传播内容中直接察觉传播者的政治目的和宣传意图。

显性传播与隐性传播是信息、价值观念有效传递的两种不同形式，具有各自的优势与特点。与显性传播的直观性、目的性相比，隐性传播具有内隐式、渗透式、生活化、情感化等特征。从长远发展来看，隐性传播更有利于加强马克思主义理论传播的情感认同基础，有利于构建马克思主义的多层次传播。因此，应该大力拓展马克思主义的隐性传播路径，发掘隐性传播资源载体，进一步发挥隐性传播在马克思主义理论传播中的优势。

新媒体时代，马克思主义的隐性传播可以依托媒介的议程设置来实现，将马克思主义的立场、观点、方法渗透到传播内容和传播方式当中，依托马克思主义的生活化、渗透式传播，突出隐性传播在情感推动和精神引领方面的优势。

1. 依托媒介议程设置加强舆论引导

传播媒介能够有效引导受众的注意力。研究表明，有影响力的大众传媒对某一特定问题的报道越多，就越能引起公众对该问题的关注和重视。由此可见，主流大众传媒能够凭借自身影响力对公众的思想、行为加以引导，这就为各媒介平台发挥合力、基于社会整体传播进行议程设置提供了

---

① 赵惜群, 王浩, 刘宝堂.提升我国网络媒体国际传播力的路径探析 [J].中州学刊, 2015（12）：174.

可能性，尽管这种合力的发挥可能是无意识的。不同的媒介平台有着不同的生存和发展优势，它们以互联网和移动互联网技术作为支持，通过各自擅长的方式在各自擅长的领域，通过多样性的传播方式对受众施加倾向性影响。"尤其新媒体议程设置功能具有更好的互动性与接近性"①，因此要尤为重视各新媒体平台在"社会议程设置"中的作用发挥。

新媒体时代，要做好马克思主义理论传播工作，一定要利用好媒体的议程设置功能，将显性的意识形态传播转化为隐性的舆论引导、思想引导和价值引领。要做好14亿多民众的舆论引导和思想引导尤为不易。要坚持以人民为中心原则，着力解决人民群众关心的思想问题和实际问题；要通过媒体议程设置带领民众全面认识中国特色社会主义建设事业所取得的伟大成就，引导民众深刻认识这些成就的取得离不开马克思主义理论的指导，进而深入思考马克思主义理论在社会经济发展中的作用发挥问题。通过媒体议程设置增强马克思主义理论传播的引领力，还必须要遵循传播规律，尤其要准确把握新媒体时代的信息传播规律、新闻传播规律以及意识形态传播规律，要积极探究提高主流意识形态影响力的有效对策，发挥好议程设置在马克思主义理论传播中的作用。

新媒体时代，面对复杂的国内外环境，党和国家更加重视对社会舆论的引导，习近平提出了"舆论引导力"这一概念。2016年2月19日，习近平在党的新闻舆论工作座谈会上强调："尊重新闻传播规律，创新方法手段，切实提高党的新闻舆论传播力、引导力、影响力、公信力。"②就大众传媒而言，"所谓引导力，一般是指新闻媒体根据自己设置的议程或议题引导受众进行思考，或者是引导他们朝着什么方向去认识和理解新闻的一种能力"③。只有不断增强政府和国家的舆论引导能力，才能为马克思主义的有效传播创造良好的运行环境。

---

① 武怡华.媒体议程对大学生思想舆论产生理想化传播效果的研究——评《议程设置的博弈：主流新闻媒体与大学生舆论引导研究》[J].中国青年研究，2018（12）：121.

② 习近平.习近平谈治国理政（第二卷）[M].北京：外文出版社，2017：331.

③ 沈正赋.新媒体时代新闻舆论传播力、引导力、影响力和公信力的重构[J].现代传播，2016（05）：2.

当前，舆论引导的思想环境和现实空间都发生了重大变化，社会舆论引导的重点和内涵也必然随之改变。这要求我们不仅要重视舆论引导工作，更要重视舆论引导能力建设。通过传播手段的改进和创新来增强舆论引导能力是有效抓手和必然选择——通过媒体平台的隐性议程设置，通过信息推送对民众施加倾向性影响，弱化主流意识形态传播的公权力特征，最终提升主流意识形态的舆论引导力。尽管没有明确使用马克思主义理论传播的字眼，但马克思主义的内容、立场、观点已经渗透其中了，这是依托舆论引导提升马克思主义理论传播效能的关键所在。

2. 发挥隐性传播的情感连接优势

隐性传播的方式非常丰富，但其根本优势在于其内隐性和渗透性，能够贴近受众实际，将所要传播的信息或者所要表达的价值观，渗透进人们衣、食、住、行的方方面面，一点一滴地唤起民众的情感认同，最终目的是实现价值认同并引导人们在实践中践行，遵循的是与显性传播截然不同的传播理念。而显性传播往往将传播意图和传播目标直接表达出来，其传播方式和传播话语通常也采用非常直白甚至刻意的宣教方式，这种传播方式在特定的时空境遇下是十分直接而且有效的，但其直接的目的性也容易引起受众的逆反心理，难以唤起受众内心的情感认同。新媒体时代，马克思主义理论传播应充分发挥隐性传播的内隐式、渗透式作用，通过潜移默化的传播，进一步加强与受众的情感连接。

隐性传播的优势还体现在"用微视角讲大道理"，善于从人们日常生活中的小事着眼，挖掘民众日常生活中的内容题材来进行价值观的传播和渗透。这种传播方式不仅"接地气"而且能够以小见大，将民众的日常生活与深刻的人生哲理联系起来，将老百姓的听说见闻与国家大事结合起来，源于生活又融入生活。"……这种内容要素不是成文的固定的文字描述和理论灌输，而是潜在于生活中的情感、价值以及文化的隐性表达。"[①]隐性传播的生活化特征，更容易引起受众的情感共鸣，只有受众

---

① 马娟, 刘洋.社会主义核心价值观的隐性传播及其在高校隐性传播的路径研究［J］.江汉大学学报（社会科学版），2017（03）：102.

从情感上真正信服，才愿意主动地去了解和学习马克思主义，才能提升隐性传播生活化、情感化的影响力。

此外，马克思主义理论传播还要注意发挥隐性传播的互动式、体验式优势。隐性传播注重传播受众的感受、体验以及反馈评价，相对于简单的信息传递、告知或者扩散，属于更高层次的信息交流状态。隐性传播要取得理想效果，必须要从受众的生活实际和现实需求出发来调整传播内容、优化传播方式，进而引导民众通过体验、感悟等方式来接受传播内容，并由此建立起与传播受众的情感连接。从这种意义上来讲，隐性传播不是单向的信息传递，而是强调传播主体与传播受众的双向互动的信息交流方式。这种互动体验通过唤醒人们内心的生活共鸣和潜在的价值意识，来激发民众参与信息传播的积极性以及与他人沟通、交流主动性。正如杜威所言："所需要的信仰不能硬灌进去；所需要的态度不能粘贴上去。但是个人生存的特定的生活条件，引导他认知与感知到一件东西，而不是另一件东西；它引导他制订一定的计划以便和别人成功地共同行动；它强化某些信仰而弱化另一些信仰作为赢得他人赞同的一个条件。所以，生活条件在他身上逐渐产生某种行为的系统，某种行为的倾向。"① 因此，新媒体时代马克思主义理论的多层次传播，应该更贴近普通大众的生活，采用多样化的隐性传播方式，通过隐性的传播内容以及隐性的传播载体进行表达，这样更加有利于不同受众群体的理解、接受和认同。

综上，新媒体时代，马克思主义理论传播应发挥显性传播方式和隐性传播方式的合力，既重视显性传播的直接引导力，又要重视隐性传播的情感连接优势。传统媒体与新媒体对于马克思主义的传播也应各有侧重，互为补充。传统媒体应将工作重点放在巩固已有的显性传播优势，同时开拓渗透式的隐性传播空间。而新媒体则应依托技术运用着力发挥在隐性传播方面的优势，立足于双向沟通、日常浸润、家庭熏陶、榜样示范等隐性传播方式，通过灵活多样的方式潜移默化地对受众施加影响，应在现代传播环境构建、社会舆论氛围营造以及现代家庭教育熏陶等方面持续努力。

---

① ［美］杜威.道德教育原理［M］.王承绪译.杭州：浙江教育出版社，2002：32.

三、社会监管资源的整合利用

新媒体时代，国内外局势发生重大变化，新媒体传播空间面临着监管难题。当前，世界各国之间的交流日益密切，不同国家的政治、经济、科技以及文化的相互联系与依存度也越来越高，任何国家都无法独立于全球化进程之外。邓小平早有判断："西方国家正在打一场没有硝烟的第三次世界大战。所谓没有硝烟，就是要社会主义国家和平演变。"①西方的资本主义价值观和多元社会思潮一直通过互联网、移动互联网向我国各领域渗透，再加上信息技术进步以及民众的价值观多元化趋势，带来国内整体传播环境的重大变迁，民众思维方式和接受特点呈现新的变化。国内外传播格局的变化，加大了马克思主义理论传播以及各层级媒介空间的治理难度。相较于传统媒体空间，新媒体空间的监管和治理难度更大，更需要整合线上与线下、官方与民间等社会各类监管资源加强对新媒体空间的监督和管理。

新媒体时代，新媒体空间监管的重点和难点是各级新媒体传播平台。我们知道，我国的新媒体发展尽管起步较晚，但发展异常迅速，从无到有，直至今天我国成为世界上新媒体使用的第一大国，仅仅用了20年左右的时间，如此快速的发展进程，必然带来很多问题。众声喧哗的传播环境，鱼龙混杂的海量信息，商业化、市场化的媒体运作模式，参差不齐的用户素质，增加了信息筛选的难度，强化着物质主义、实用主义以及娱乐主义的价值取向，加大了新媒体空间的管控难度。再加上法律的制定和完善落后于技术进步的步伐，导致媒体空间的法治监管出现空档。这些都是学界需要思考并解决的现实问题。我们要在党和政府的领导下，依托社会监管资源的整合，综合发挥法治监管、技术监管、舆论监督、行政监管以

---

① 邓小平文选（第三卷）[M].北京：人民出版社，1993：344.

及群众监督等监管途径的合力，加强对新媒体空间的管控。新媒体境遇下，我们应注重发挥法治监管、技术监管以及舆论监督等监管方式的合力。

（一）加强对新媒体传播空间的依法监管

马克思主义理论传播机制的有效运行需要有序的新媒体传播环境以及良好的社会传播氛围，这要求我们要加强对新媒体传播空间的监管。习近平多次强调要依法加强对新媒体平台的管理，要采取多种措施建设"风清气朗"的网络空间。要使新媒体传播在法治轨道上运行，对传统媒体和新媒体实行一个标准、一体管理。主流媒体要准确及时发布新闻消息，为其他合规的媒体提供新闻信息来源。

"要全面提升技术治网能力和水平，规范数据资源利用，防范大数据等新技术带来的风险。"[①]这为加强新媒体时代媒体的法治监管指明了方向。加强对新媒体传播空间的依法监管，就是要建立和完善相应的互联网行业、媒体行业、信息技术行业等的法律法规，并依法加强对新媒体传播空间的法律监管，使新媒体传播在法治轨道上运行。这也能够为马克思主义理论传播机制的有效运行提供良好的法治空间，依法保障马克思主义理论传播机制的有效运行。首先，完善立法，做到监督管控有法可依。新媒体传播空间实际上是现有媒体空间的总和，是传统媒体空间和新媒体空间的集合。高新技术的广泛应用推动着媒体行业的迅猛发展，在为传统媒体和新媒体发展带来新机遇的同时，也产生了很多新的问题，甚至是法治监管难题。现有法律无法涵盖这些新的情况和问题，这就需要制定新的法律法规来管控或者制裁。而法律的制定有着严格的程序，而且要求具备高度的稳定性以及总结性，这就决定了法律的制定必然要经过一定的时间来凝练或者完善，这与我们需要即时解决技术快速发展带来的问题产生了矛盾。尽管法律的制定可能要滞后于技术进步，但是我们仍然要按照法治社

---

① 习近平在中共中央政治局第十二次集体学习时强调：推动媒体融合向纵深发展　巩固全党全国人民共同思想基础[N].人民日报，2019-01-26.

会的建设要求不断完善相应的法律法规建设，为新媒体传播空间的安全、有序发展提供法制保障。其次，严格执法，确保新媒体传播空间的健康运行。传统媒体经过长期的稳定发展，已经建立起良好的管理体制和运行模式，相应的法律法规建设也比较完善，而对新媒体空间的管控难度则大得多。由于法律制定以及监管的滞后，这些新媒体平台充斥着很多不良信息，传播主体的扩容以及传播行为的可隐匿性更是加大了监管难度。这要求我们要认真研究新媒体传播进程中的法律难题，总结经验和规律，以现有的法律法规为基础，不断提高在新媒体空间的执法能力，严格法律执行以确保新媒体空间的依法运行。再次，严格自律，倡导新媒体空间的行业规范化建设。法律监管不是最终目的，建设和谐、有序的新媒体传播体系才是根本目标。因此，除了用法律法规来规范传播主体和使用客体的行为，还要注重发挥媒体行业的积极性和主动性，通过行业规范来督促媒体行业进行自我管理、自我约束，共同努力做好新媒体空间管理。习近平强调：“要压实互联网企业的主体责任，决不能让互联网成为传播有害信息、造谣生事的平台。要加强互联网行业自律，调动网民积极性，动员各方面力量参与治理。”①比如，为促进网络媒体的健康有序发展，加强行业自律，经政府相关部门批准建立了中国网络媒体协会。该协会定位于“组织、协调、服务、监管”四大功能，认真贯彻国家的方针政策，维护国家、行业与会员的整体利益，在行业自查、自检、自律等方面发挥了重要作用。

（二）加强对新媒体传播空间的技术监管

信息技术快速发展过程中产生的问题，有一部分也可以依靠信息技术应用来解决。在新媒体传播空间中，要保证各层级媒介平台在马克思主义理论传播过程中能够站稳政治立场，要防范和监督新媒体传播空间中不良社会政治思潮的侵蚀和影响，要有针对性地对各种错误思想、观点进行批

---

① 习近平在全国网络安全和信息化工作会议上强调：敏锐抓住信息化发展历史机遇　自主创新推进网络强国建设[N].人民日报，2018-04-22.

判和反驳，要减少各种不良信息或者低俗信息对广大民众的负面影响，离不开新技术的应用。我们要依托各类技术载体加强对新媒体空间的技术管控，进一步优化马克思主义理论传播的整体环境。

首先，要依托信息技术应用加强对新媒体传播空间的内容监管。通过信息监测、信息过滤等技术措施对传播内容进行监测、监管，对敏感词语、不良信息甚至有害信息进行实时监测和过滤，这既是国家主流意识形态建设的要求，也能够减少不良信息对民众的污染甚至侵害。通过上述方式，我们能够过滤出反党、反国家、反政府等危害国家安全的言论，能够判断发达资本主义国家的"和平演变"以及"价值观输出"策略，能够即时发现破坏社会稳定的突发舆情事件并进行迅速处理，对于各层级媒介平台上的不当言论、失范行为以及淫秽色情信息，也能够及时发现并进行有效处置，这是从技术层面助力国家主流意识形态建设的有效途径。依靠现有的信息检测和信息过滤技术，党和国家能够对新媒体空间的各级媒介平台进行卓有成效的监控和管理。但是，新媒体时代同时也是技术革新不断加速的时代，我们不能满足于现有的技术手段，而应该进一步加大国内自主信息安全技术的开发，不断提高新媒体空间的技术应用能力和安全防卫能力，更好地维护新媒体空间的传播秩序。

其次，要依托大数据等技术构建高效的舆情监管机制。新媒体传播空间是社会舆情的集散地，尤其是各级新媒体平台更是民众表达意见、参与社会治理的倾向性载体。要对社会舆情状况进行精准把握和科学判断，才有机会推动舆论的正向发展，以保证国家的安全和稳定。因此，新媒体时代，要依托大数据技术优势，汇聚网络上各种信息数据，构建大数据网络舆情监管机制，加强舆论监督，化解舆情危机，努力提升主流意识形态建设的针对性和实效性。第一，依托数据抓取技术，掌握社会舆情和国家主流意识形态建设相关数据。通过对党和政府各级网站、官方主流媒体的浏览量、浏览内容、用户重点关注内容等数据的统计和分析，从整体层面了解受众对国家主流意识形态传播的认同和接受情况，依托大数据研判主流媒体传播过程中存在的问题和"短板"。第二，对收集到的社会舆情数据进行分类、整理和分析，并以这些数据为支撑，进一步净化马克思主义理论传播的新媒体环境。对于民众拥护的、具有正能量的内容，要进一步传播和弘扬，对于负能量的问题和内容，则要想办法整改、纠正，杜绝其消极影响的进一步扩散。第三，通过对各级大众传媒的大数据收集，掌握民众的舆情关注热点，不断提升舆论引导的针对性。大众传媒往往是舆情发酵的中心地带，尤其部分热点媒体往往集聚着相当的用户数量，是各种舆情信息的集散地，因此，要通过对大众传媒的大数据挖掘，来监控、引导舆情走向。针对已经发生的舆情危机，各级管理部门都要通过相关平台及时公布最新信息，做到信息公开、透明，保证公民的知情权。第四，对比分析官方主流媒体以及大众传媒的大数据，取长补短，优化整体舆论环境。深入挖掘双方在用户状况、内容生产、传播方式等方面的不同，分析、比较双方吸引用户注意力所采取的措施，以此作为提升舆论引导能力的参照和依据。近年来，国内的舆情压力指数逐渐走高，这与党和国家对社会舆情事件的相应数据和资料掌握不完备有关。因此，挖掘并整合数据资源，注重依托大数据技术构建舆情监管机制，提升党和国家的舆论引导能力和舆情处置能力，也是新媒体时代党和国家凝聚社会共识，做好马克思主义理论传播，加强主流意识形态建设的必然选择。

（三）加强对新媒体传播空间的舆论监督

新媒体传播空间的有序运行，既需要党和国家不断提升舆论引导能力，加强舆论引导，又需要引导公众积极参与，进行舆论监督。舆论引导是从正面来建设和维护马克思主义理论传播的新媒体空间，而舆论监督则是对舆论引导的补充，是通过发现问题继而督促问题的解决来优化新媒体的传播环境。

对新媒体传播空间进行舆论监督时，难点问题仍然集中在新媒体空间。我国是新媒体使用大国，用户人数众多，但用户的素质参差不齐，在法律素质、道德观念等方面存在较大差异，而且很多用户都是在社会发展态势的"裹挟"之下使用新媒体，媒介素养较为缺乏。由于新媒体的使用门槛较低，在移动终端和移动互联网快速发展的当下，用户只要凭借一部智能手机就可以在不同的新媒体平台浏览信息、发布评论甚至进行信息传播，这导致新媒体空间的信息传播乱象丛生，网络谣言、侵权言论以及低俗信息满天飞，甚至反党、反政府的言论也混迹其中，必须进行重点引导和管控。除了发挥法治监管和技术监管的作用，动员广大民众积极参与，发挥舆论监督的作用也是非常必要的。

首先，激发民众进行舆论监督的积极性。要营造良好的新媒体传播氛围，就需要尽量增加和谐的正向因素，同时削减不和谐的负面因素影响，以促进新媒体传播生态向好向上发展，这个过程离不开民众基于自身利益考量的舆论监督。新媒体传播体系为党和国家广开言路提供了媒介载体，也为广大民众进行意见反馈和舆论监督打造了高效的互动交流平台。为保证和维护自身利益，为促进社会治理体系的进一步完善，在法治监管和技术监管之外，越来越多的民众开始明白通过舆论来维护自身利益的重要性和可能性。近年来，民众舆论影响重大社会事件走向的现实案例频频出现，民众舆论监督的重要性更加凸显。党和国家也更加重视民众舆论监督的重要作用，借助群众的舆论监督来了解民情、民意，倾听民言、民声，这些是党和国家科学决策的重要依据。因此，为了让更多的民众积极参与到对社会治理的舆论监督中来，进而营造马克思主义理论传播和主流意识形态建设的良好舆论氛围，采取思想引导、政策激励以及物质奖励等多种方式调动和激发民众进行舆论监督的积极性是非常必要的。

其次，提高民众进行舆论监督的能力。民众舆论监督作用的有效发挥，需要调动民众参与社会治理、进行舆论监督的积极性，但更有赖于民众舆论监督能力的提升。新媒体时代对民众的媒介应用能力、技术应用能力以及分析判断能力等提出了更高的要求。新媒体传播体系是各种媒介平台的集合，这就要求民众能够熟练使用一种或者几种媒介来进行信息交流或反馈，对于新媒体环境中的海量信息，不仅要做到理性选择和有效使用，更要能够依托这些信息对事物发展的趋势进行科学分析和准确判断，而且现有的媒介平台，尤其是新媒体平台大都要求使用者具备一定的技术应用能力，这些都是提升民众舆论监督能力的前提。舆论监督并不是简单的情绪发泄，更不是跟党和政府"叫板"、提要求，而是在理性思考的前提下，为促进社会的发展进步以及民生的改善而建言献策。因此，要防止意见表达和诉求反映的失范，要避免任意发布不负责任的言论，要避免发布未经证实的信息，要更要杜绝随意恶搞甚至造谣中伤他人的行为。需要注意的是，民众舆论监督能力的提升不是一蹴而就的，而是一个逐步适应和改善的过程。应该通过新技术应用培训、媒介素养培训、马克思主义理论学习等多种方式，来提升社会成员的信息技术应用能力和对事物的分析判断能力，进而帮助民众更好地参政议政，进行舆论监督。

参考文献

1. 经典著作

[1] 马克思恩格斯全集（第2卷）[M].北京：人民出版社,1957.

[2] 马克思恩格斯全集（第7卷）[M].北京：人民出版社,1959.

[3] 马克思恩格斯全集（第3卷）[M].北京：人民出版社,1960.

[4] 马克思恩格斯全集（第6卷）[M].北京：人民出版社,1961.

[5] 马克思恩格斯全集（第20卷）[M].北京：人民出版社,1971.

[6] 马克思恩格斯全集（第26卷）[M].北京：人民出版社,1972.

[7] 马克思恩格斯全集（第27卷）[M].北京：人民出版社,1972.

[8] 马克思恩格斯全集（第42卷）[M].北京：人民出版社,1979.

[9] 马克思恩格斯全集（第46卷）[M].北京：人民出版社,1979.

[10] 马克思恩格斯全集（第41卷）[M].北京：人民出版社,1982.

[11] 列宁全集（第2卷）[M].北京：人民出版社,1985.

[12] 马克思恩格斯选集（第一卷）[M].北京：人民出版社,1991.

[13] 毛泽东选集（第三卷）[M].北京：人民出版社,1991.

[14] 邓小平文选（第三卷）[M].北京：人民出版社,1993.

[15] 马克思恩格斯全集（第1卷）[M].北京：人民出版社,1995.

[16] 马克思恩格斯全集（第10卷）[M].北京：人民出版社,1998.

[17] 江泽民文选（第一卷）[M].北京：人民出版社,2006.

[18] 马克思恩格斯文集（第3卷）[M].北京：人民出版社,2009.

[19] 马克思恩格斯全集（第14卷）[M].北京：人民出版社,2013.

2. 论文专著

［1］［美］埃德加·斯诺. 西行漫记［M］. 北京：生活·读书·新知三联书店，1979.

［2］［美］施拉姆. 传播学概论［M］. 陈亮灯译. 北京：新华出版社，1984.

［3］［美］塞缪尔·P·亨廷顿. 变化社会中的政治秩序［M］. 王冠华，等，译. 北京：生活·读书·新知三联书店，1989.

［4］江金权. 江总书记抓党建重要活动记略［M］. 北京：人民出版社，1998.

［5］郭庆光. 传播学教程［M］. 北京：中国人民大学出版社，1999.

［6］新华通讯社编. 毛泽东论新闻宣传［M］. 北京：新华出版社，2000.

［7］［美］保罗·莱文森. 手机：挡不住的呼唤［M］. 何道宽译. 北京：中国人民大学出版社，2004.

［8］李凌沙. 论马克思主义新闻观［J］. 湖南大众传媒职业技术学院学报，2004（02）.

［9］Werner J. Severin, James. W. Tankard, Jr. . 传播理论：起源、方法与应用［M］. 郭镇之，徐培喜等，译. 北京：中国传媒大学出版社，2006.

［10］陈汝东. 传播伦理学［M］. 北京：北京大学出版社，2006.

［11］陈绚. 新闻传播伦理与法规教程［M］. 北京：中国传媒大学出版社，2007.

［12］李正良. 传播学原理［M］. 北京：中国传媒大学出版社，2007.

［13］穆祥望. 网络媒体环境下的舆论导向功能研究［J］. 情报科学，2007（11）.

［14］中共中央文献研究室编. 改革开放三十年重要文献选编（上册）［M］. 北京：中央文献出版社，2008.

［15］陈力丹. 精神交往论：马克思恩格斯的传播观［M］. 北京：中国人民大学出版社，2008.

［16］王长潇主编. 新媒体论纲［M］. 广州：中山大学出版社，2009.

［17］邵华泽，于宁. 马克思主义新闻观及其在中国的运用和发展［M］. 北京：人民出版社，2009.

［18］张再兴. 网络思想政治研究［M］. 北京：经济科学出版社，2009.

［19］岳泉，汪徽志等. 新媒介概论［M］. 南京：南京大学出版社，2010.

［20］王素萍. 马克思主义大众化过程中传播学理论的借鉴和运用［J］. 深圳大

学学报（人文社会科学版），2010（02）.

[21] 李强. 三网融合，前景几何 [J]. 中国报道，2010（03）.

[22] 杨军剑. 推进当代中国马克思主义大众化的基本经验 [J]. 学理论，2010（05）.

[23] 徐艳玲，李建柱. 建立马克思主义传播学初探 [J]. 当代世界与社会主义，2010（06）.

[24] 黄健. 新媒体时代背景下的版权保护 [J]. 出版广角，2010（07）.

[25] 鲁婉莹. 传播媒介在马克思主义大众化中的作用 [D]. 河南大学，2011.

[26] 侯波. 多位互动协同与马克思主义大众化传播 [J]. 新闻爱好者，2011（08）.

[27] 苗瑞丹. 论毛泽东马克思主义大众化思想及其当代价值 [J]. 前沿，2011（12）.

[28] 崔保国主编.2012年中国传媒产业发展报告 [M]. 北京：社会科学文献出版社，2012.

[29] ［美］E. M. 罗杰斯. 传播学史：一种传记式的方法 [M]. 殷晓蓉，译. 上海：上海译文出版社，2012.

[30] 邓文钱. 从传播学视角开辟马克思主义大众化的新途径 [J]. 党史文苑，2012（01）.

[31] 卜昭滔. 建国初期马克思主义大众化进程及经验 [J]. 中共云南省委党校学报，2012（04）.

[32] 程国庆，吴锦程. 网络背景下马克思主义大众化途径探索 [J]. 政治研究，2012（07）.

[33] 张志海. 现代领导与新闻媒体 [M]. 北京：人民出版社，2013.

[34] 朱琳. 激荡与融合马克思主义中国化进程与三大社会思潮 [M]. 北京：人民出版社，2013.

[35] 任仲文编. 深入学习习近平总书记重要讲话精神人民日报重要文章选 [M]. 北京：人民日报出版社，2014.

[36] 周慧敏. "90"后大学生社会主义核心价值观的培育和践行研究 [D]. 郑州大学，2015.

[37]李勃.新媒体视域下马克思主义大众传播研究[D].山东大学,2016.

[38]中共中央党史研究室.中国共产党的九十年[M].北京:党建读物出版社,2016.

[39]詹得雄.从思想和行动上应对"颜色革命"[J].红旗文稿,2016(05).